金泓序 ◆ 著

互联网金融犯罪的
刑法规制研究

 吉林大学出版社
JILIN UNIVERSITY PRESS

·长 春·

图书在版编目（CIP）数据

互联网金融犯罪的刑法规制研究 / 金泓序著 . -- 长
春 : 吉林大学出版社，2021.7
　ISBN 978-7-5692-8600-7

　Ⅰ . ①互… Ⅱ . ①金… Ⅲ . ①互联网络－应用－金融
－经济犯罪－刑法－研究－中国 Ⅳ . ① D924.334

　中国版本图书馆 CIP 数据核字 (2021) 第 151929 号

书　　名　**互联网金融犯罪的刑法规制研究**

HULIANWANG JINRONG FANZUI DE XINGFA GUIZHI YANJIU

作　　者　金泓序　著
策划编辑　孙　群
责任编辑　王　洋
责任校对　单海霞
装帧设计　李　玉
出版发行　吉林大学出版社
社　　址　长春市人民大街 4059 号
邮政编码　130021
发行电话　0431-89580028/29/21
网　　址　http://www.jlup.com.cn
电子邮箱　jdcbs@jlu.edu.cn
印　　刷　长春市昌信电脑图文制作有限公司
开　　本　787mm × 1092mm　　1/16
印　　张　9.5
字　　数　160 千字
版　　次　2022 年 5 月　　第 1 版
印　　次　2022 年 5 月　　第 1 次
书　　号　ISBN 978-7-5692-8600-7
定　　价　39.00 元

前 言

　　企业融资是指企业以生产、经营、投资等为了使企业充分满足其行为所需资金，而采取的从企业所有资金以外获取资金的行为。一般认为，企业融资通常需要考虑企业自身财务状况、资产状况和盈利能力等。企业进行融资是为了充盈资本或补充企业流动性资金，其资金的用途一般是为了使所筹集的资金用于项目建设，或是日常的企业经营性需求。

　　互联网金融的迅速崛起开启了企业融资的新渠道。大量企业纷纷涌入互联网金融之中。互联网金融业务创设之初是为了实现金融脱媒，以高效的集资信息传递与资金匹配实现低成本融资。但随着互联网金融资金规模的急剧膨胀，监管规则不甚明确，大量的非法集资出现在互联网金融业务中。

　　笔者通过建立高水平的研究团队对近五年全国互联网金融业务中涉非法集资的案例进行研究后发现，我国刑法在规制通过互联网金融业务进行的集资行为时存在着一定缺失。在以何标准判断非法吸收公众存款罪的成罪条件时，司法实务部门采取的规制方式并不能充分发挥其职能。目前的规制模式是通过司法解释，以传统线下集资为对象所建构的，无论是罪名的构成要素还是入罪条件，都没有因互联网金融的发展所引起的变化而做出改变。在项目研究过程中笔者发现，截至目前，吉林省公开的463个非法吸收公众存款罪的判决中，长春市地区占140个，其中涉及互联网金融领域的非法集资的案件有37个，并且这些案件大多发生在近两年，其中很多案件都与互联网金融产品"e租宝"有关。"e租宝""昆明泛亚""钱宝系"被公安部视为互联网金融三大案件，吉林省也深受这三大案件影响。互联网金融平台中哪些集资行为构成刑事犯罪，哪些行为应当是被法律所允许的，目前刑法对此缺少明确的规定。笔者从互联网金融业务的概念出发，对属于互联网金融业务的行为进行甄别分类，分析在我国刑法目前规制非法集资行为的框架下不同的互联网金融业务的发展现状，寻找其中可能存在的问题。

为准确分析互联网金融中集资行为的特殊性，笔者先对互联网金融、互联网金融业务类型以及互联网金融与传统金融行业的互联网业务的区别进行了研究。笔者发现我国互联网金融业务与传统金融在互联网开展业务相比，是一种完全不同的金融形式。互联网金融的从业务形式包括互联网支付、网络贷款（P2P）、众筹等。互联网金融与传统金融行业相比，金融平台既没有业务担保，也没有资金池，而是以金融中介的形式活跃在资金供需两端，由此导致融资者借助互联网金融业务模式开展融资也会呈现出新的特点。

笔者梳理自1978年至今刑法规制非法集资行为的规制模式发现，不同的历史时期我国刑法对集资行为是否构成犯罪存在着不同标准。目前被认定为刑法意义上的非法集资行为是以司法解释确定的，以非法吸收公众存款罪与集资诈骗罪共同调整的体系框架。

笔者通过研究互联网金融业务与刑法规制非法集资行为的模式发现，我国刑法当前采取的规制模式与目前所倡导推广的互联网金融创新业务并不适应，目前的很多互联网金融业务行为如果按照现行刑法规制方式会被直接认定为非法吸收公众存款行为。因此笔者将互联网金融中的多种集资行为按照互联网金融业务的主要类型，以现行刑法规制非法集资行为的模式进行套用，发现刑法规制模式并不能促进互联网金融的发展，甚至会制约部分互联网金融业务的开展。

同时，笔者在研究2019年以来非法集资的案件时发现，虽然公安部连续三年部署打击非法集资犯罪专项行动，司法部等部门也在积极推动"防范和处置非法集资条例"立法进程，但目前对于互联网金融业务如何才能避免涉嫌非法集资类犯罪仍存在着不确定性。笔者协同项目研究团队通过对刑法规制规则进行梳理，以互联网金融领域的非法集资行为作为主要研究重点，结合调研所得的实际状况发现，目前司法实践中处理非法集资案件时，在认定主体是否构成单位犯罪、财产损失如何确定和非法占有目的认定标准三方面存在着不合理的规制形式。因此笔者针对这三个问题展开深入研究，以找出初步解决此类问题的方法。

笔者研究刑法规制非法集资行为的出发点是维护金融管理秩序正常运行，但非法性的判断规则又与金融发展方向存在偏离。如果严格按照目前刑法所采取的认定标准对互联网金融下的集资行为进行评价，就会出现有悖于立法目的的结果。因此，刑法规制非法集资行为的方式必须做出改变。刑法规制非法集资行为的方式应当如何改变才符合金融改革与互联网金融发展？这需要广大专业人士进行进一步研究，集思广益，探讨出合理的实施方案。

经过研究笔者发现，刑法不应采取非法吸收公众存款罪为架构的规制模式调整企业的集资行为。因为目前非法吸收公众存款罪所使用的"存款"概念已经随着时代发展而发生改变。存款在法律意义上已经从人们在生活观念中的银行代为保管货币，转变为银行限定性占有的货币。非法吸收公众存款罪本身也应用于规制专指侵害金融业务的犯罪行为，不应包括非金融业务的集资行为。笔者在研究中还发现，我国证券法草案曾提出将证券概念进行扩张的立法建议。如果未来证券概念会做出调整，那么以投资合同为性质的证券概念，将会促使刑法调整规制非法集资行为的模式，从非法吸收公众存款罪为核心转化为以证券类罪名为核心的规制模式。如果未来证券的概念发生改变，将会给刑法规制企业融资犯罪的模式指出新的方向，也会使刑法的规制模式变得不再通过将非法吸收公众存款罪变为口袋罪来规制所有集资行为。

　　本书以总结刑法规制非法集资行为的认定标准，发现刑法规制现状与互联网金融发展之间的矛盾，提出在金融改革过渡时期对刑法规制方式的改良路径，以在完成《证券法》修改后刑法应建立的规制方式为行文思路，对互联网金融下刑法规制非法集资行为存在的问题进行具体阐述。

目 录

第一章

互联网金融的创新发展

一、金融互联网与互联网金融的概念

（一）互联网金融内涵之争

2015年3月5日，国务院总理李克强在第十二届全国人民代表大会第三次会议政府工作报告中明确指出，制定"互联网+"行动计划，推动移动互联网、云计算、大数据、物联网等与现代制造业结合，促进电子商务、工业互联网和互联网金融健康发展，引导互联网企业拓展国际市场。[①]回顾我国互联网金融的发展历程，其最初是由民间金融创新逐渐发展起来的，属于民间自发创新的结果，并非政府主导推动的结果。[②]虽然目前互联网金融已经在各个领域被人们广泛使用，但人们对互联网金融的相关概念仍存在不同见解。

第一类观点认为，互联网金融与金融互联网是两种不同的概念。当传统金融吸纳、运用包括互联网技术在内的现代信息技术，去创新某些金融工具、构建新的网络系统的时候，原有的运行结构和商业模式并没有相应发生变化，我们将这种金融与互联网的结合称之为金融互联网。[③]

[①]　李克强：《政府工作报告——2015年3月5日在第十二届全国人民代表大会第三次会议上》，http://www.npc.gov.cn/zgrdw/npc/dbdhhy/12_3/2015-03/17/content_1930436.htm，最后访问时间：2021年2月21日。

[②]　岳彩申：《互联网金融平台纳入金融市场基础设施监管的法律思考》，《政法论丛》2021年第1期，第86页。

[③]　参见吴晓求：《互联网金融的逻辑》，《中国金融》2014年第3期，第31页。

虽然互联网金融的核心依然是金融业务，受到金融行业规则制约，但它以互联网企业服务的融资客户为依托，对于金融业务的开展更多是为了满足客户自身的融通需要进行的高效配置。

第二类观点认为，互联网金融是一个谱系概念，涵盖受互联网技术和互联网精神的影响，从传统银行、证券、保险、交易所等金融中介和市场，到瓦尔拉斯一般均衡对应的无金融中介或市场情形之间的所有金融交易和组织形式。[①]一般认为，金融脱媒是金融去中介化的过程，具体是指资金供给双方不通过传统的商业银行等金融中介，而直接进行资金融通。通过互联网的技术方式将金融中介进行最大化的压缩，从而力图实现接近无中介的形式，进而达到金融脱媒的效果。互联网金融是以信贷供应市场的利率变化为核心，实现资金的高效配置，而不是以资金的提供方或者是资金的使用者。

第三类观点认为，互联网金融是传统金融机构与互联网企业利用互联网技术和信息通信技术实现资金融通、支付、投资和信息中介服务的新型金融业务模式。这一观点来自《关于促进互联网金融健康发展的指导意见》（以下简称《指导意见》），实际上将互联网企业进入金融领域开展业务和金融机构的互联网化业务进行融合，认为这一业务是金融业务的创新，是一种金融服务的新业务形式。

第四类观点认为，互联网金融是在互联网时代金融行业商业模式转型的一种过渡性现象。长期来看，互联网金融不是一个独立的行业。[②]互联网金融只是金融业务的一种形式上的扩展，就像打字员从打字机换成电脑，并没有转变他的职务一样。互联网对金融业务的影响只是提高了资源配置的效率，在一定程度上降低了融资成本，并进一步提高了征信体系的要求。

[①] 参见谢平、邹传伟、刘海二：《互联网金融的基础理论》，《金融研究》2015年第8期，第4页。

[②] 参见林采宜：《互联网金融是个伪行业》，《中国战略新兴产业》2015年第17期，第89页。

究竟什么是互联网金融，互联网金融与金融互联网概念有何区别？在互联网金融业务迅速发展的几年时间里，它究竟属于金融行业，还是互联网行业？这个问题一直困扰着从业者与监管者。即便是在互联网金融已经开始影响人们生活之时，业界对这一词语依然存在不同见解。按照《指导意见》中关于互联网金融的定义，互联网企业进入金融和金融业务的互联网化均被视为互联网金融业务模式，并没有对金融互联网和互联网金融加以区分。但在现实中互联网金融和金融互联网是否都属于互联网金融业务的模式仍然存在争议。

（二）刑法上不宜过度区分互联网金融与金融互联网

互联网金融自产生到发展为拥有庞大行业资金的规模并没有经过太长时间。笔者认为，以银行为核心开展的互联网金融业务并不是互联网金融的主要创新业务。首先，以银行为核心的传统金融机构开展互联网金融业务，尚未摆脱其传统金融机构的身份局限性。当前金融体系下的金融机构职能决定了其开展业务的角度不可能与互联网企业完全相同。我国金融行业开始使用互联网技术由来已久。各大商业银行在互联网刚刚兴起的时候就已经建立各自的门户网站，并开展相应的网络银行业务。但是，经过多年的发展，商业银行并没有因使用互联网技术而突破原有的银行业务模式。其次，我国银行主导的金融业务不能发展出今天的互联网金融。有人认为搜索引擎是互联网金融发展的主要原因，但这其实只是互联网功能的一个方面。事实上，银行的门户网站都有银行自己的搜索链接。银行在互联网服务中也使用互联网搜索引擎技术，但更多的是为了进行网络银行宣传，是网络银行支付服务等线下业务的衍生品。因此，互联网金融的创新并不是技术上的问题，而是银行作为金融中介角色的问题。由于长期在金融市场占绝对统治地位，银行缺少打破现有业务框架、开发新业务模式的内生动力。

笔者认为，把过多精力投入在研究何为互联网金融的问题上并不利于行业发展，而应当将互联网企业主导的互联网金融业务模式和金融机构主导的互联网金融业务模式都包括在互联网金融的概念之中。互联网公司与传统金融机构在业务的创新发展中各有优势。在当前形势下，以银行为核心的传统金融机构开展的互联网金融业务无法脱去其传统金融机构的背景和身份。因此，金融机构开展的互联网金融业务必然会出现身份的倾向性。从目前金融机构开展的互联网金融业务模式的实践情况来看，以金融机构为主导的互联网金融模式依然属于金融机构传统业务的网络延伸。但金融机构也在尝试改变业务规则，在传统业务基础上进行创新，如互联网存款业务。较于金融机构的相对保守发展，以互联网企业为主导的互联网金融业务模式一直在摸索试探中前进，不断挑战现有的金融监管规则。国家鼓励发展互联网金融，要求金融监管部门积极履行职责调整和建立新的监管规则的同时，也给刑法规制互联网金融领域的集资行为提出了新挑战。

二、以金融机构为主导的互联网金融

（一）以银行等金融机构为核心的互联网金融

商业银行一直是我国开展金融业务的核心，也是目前金融体系稳定发展的基础。虽然我国一直在推动利率市场化改革，开放银行业竞争并调整银行业门槛设定，但是银行业机构在我国金融机构总资产中依然占绝对统治地位。根据政府公布的数据显示，截至2020年第三季度末，我国金融业机构总资产为347.32万亿元人民币，其中，银行业机构总资产为315.18万亿元人民币，占总资产90.75%。[1]虽然证券机构和保险机构总资产增幅都达到10%以上，但总资产占比仍少于一成。根据国家金融与发展实验室、中国社会科学院金融研究所联合发布的《中国支付清算发展报告（2020）》可知，2019年我国银行业金融机构共处理电子支付业务2233.88亿笔，金额为2607.04万亿元人民币，与2018年相比，分别增加27.51%和2.65%。[2]2015年至2020年，我国银行卡交易额逐年下滑，平均

---

① 中国人民银行网：2020年三季度末金融业机构总资产347.32万亿元，http://www.pbc.gov.cn/goutongjiaoliu/113456/113469/4144303/index.html，最后访问时间：2021年1月15日。

② 腾讯网：《中国支付清算发展报告（2020）》，https://new.qq.com/omn/20200917/20200917A0DSWU00.html，最后访问时间：2021年1月16日。

交易额已降至万元以下。可见，以银行卡绑定银行个人存款并进行交易结算的模式，因受互联网金融发展的影响已经渐渐失去其传统金融非现金支付工具的统治地位。作为我国传统金融行业的银行正在通过互联网技术积极拓展金融创新业务模式。从金融机构的资产总量和业务增量两方面均可看出，我国将在一定时期内以银行作为核心，探索互联网金融业务的模式。

（二）侧重于互联网技术的应用

传统金融行业开展互联网业务依赖于互联网技术的发展，其发展速度相对缓慢，业务创新受到监管制度影响。与互联网企业大刀阔斧地开展金融创新业务不同，以银行为代表的传统金融行业更倾向于在保障金融系统风险可控的情况下，适度地开展金融创新业务。但这种稳健谨慎的业务拓展也使得其互联网金融业务完全被新崛起的互联网公司抢先占据大量的市场业务份额。

互联网技术在金融领域的应用早已经不是新鲜事物。我国大型国有银行在多年前就已建立各自的门户网站并开展互联网业务。但银行在互联网领域开展金融业务却受到我国银行监管体系影响，不能真正实现金融服务网络化。由于地方银行不能跨区域进行吸储放贷，导致银行在互联网技术的应用方面长时间停留在提供账户查询、余额转账、网上支付等业务。互联网企业进入金融行业，加速了传统金融行业通过互联网开展业务的进程，监管机构也逐渐开始放宽对银行开展互联网吸储业务的限制。虽然传统金融机构的互联网金融业务仍处于审慎监管的试探发展阶段，但在互联网领域的金融业务创新仍将会带来新的行业改变。

1. 银行业务将从经营场所办理业务向互联网平台办理业务的方向发展

在互联网金融快速发展之前，人们习惯于通过现金方式进行交易。但现金交易存在保管、携带、清点不方便等问题，因此银行采取开设支行和营业网点的方式以便于现金业务的开展，需要以现金方式办理业务的用户可以就近前往实体营业网点办理业务。如果放开银行通过互联网开展存贷款业务，将更利于用户采取线上方式进行业务办理，也有利于用户对银行间的服务情况进行比较。

2.银行通过互联网平台开展业务将降低运营成本

银行用户常规业务主要是存款、取现、转账等。银行受到实体平台的运营成本限制，只能在成本可控范围内最大限度地设置营业网点以实现服务的便利性。银行在互联网金融领域进行业务拓展，将实现以较低的成本在每个用户的身边设置营业网点。受现金管理要求的影响，目前各大商业银行的自动取款机取现业务仍存在日取款上限的无差别设定。银行为了控制经营成本，部分地区开始撤销业务量少的营业网点。在这种情况下，办理业务的用户将会在营业大厅等候更久的时间，增加了用户的时间成本。相较于线下转账结算，线上转账的限额与自动存款机的限额与过去相比有所提高，并且用户可以临时申请提高限额从而提高了转账的效率和便利。随着未来数字货币的普及，银行通过发展虚拟平台业务，将金融业务与互联网紧密结合，可以有效降低线下成本，提高管理效率。

3.银行通过互联网平台开展业务有利于行业竞争

目前现金结算业务仍然普遍存在，中小规模的银行受成本限制，无法大量增设网点，聘用充足的服务人员改进服务方式。互联网存贷款业务逐步放开，使中小型银行可以弱化线下实体经营的资金投入不足、营业网点密度不够的问题，通过加强网络平台开展业务，从而更加有力地参与业务竞争。

以银行为代表的金融机构通过互联网技术开展金融服务，将成为未来金融业发展的方向。但互联网金融的本质是金融脱媒，银行等金融机构并没有从根本上将互联网金融发展与机构发展相结合，而只是将业务从线下转到线上开展，内容并没有发生大的变化。银行所开展的互联网金融业务，难以突破现有业务范围，线上业务与线下业务几乎完全一致。由此可见，金融机构开展的互联网金融业务只是利用互联网平台开展业务，并无根本性突破。

第二章

互联网金融与刑法规制

我国互联网金融的创新与发展是对金融行业现有监管规则的突破。监管部门在认定新的业务类型是否属于非法集资时，会参考创新业务的开展效果，但在刑法视域下，判断某行为是否构成犯罪并不取决于该行为所带来的效果好坏，而是以该行为是否符合罪名的构成要件。犯罪分子在互联网金融领域开展集资可以轻松突破地缘性限制，其在互联网金融平台发布的集资信息更容易、更快速地被公众获得。互联网金融发展至今，监管机构对互联网金融业务模式的合法性判断在不断变化，搭乘着互联网金融发展"顺风车"，互联网金融领域发生的集资诈骗案件也逐渐增多。非法集资犯罪因所具有的涉众型特征和引发次生风险的严重社会危害性，目前已经成为我国司法领域打击的重点。[①]互联网金融行业发展之初，各种类型的互联网金融平台入门条件不统一，很多犯罪分子设立互联网金融平台借以发布虚假非法集资信息，不仅使互联网金融行业受到极大的负面影响，而且不利于互联网金融的发展，不利于保护投资人的财产权益。若直接按照目前刑法判断某行为是否入刑时需参考《关于审理非法集资刑事案件具体应用法律若干问题的解释》（以下简称《非法集资解释》）所确立的规制非法集资行为的模式评价互联网金融领域的集资行为，可能会使大量互联网金融业务行为入罪化。

一、互联网金融下集资方式的多样化

我国当前互联网金融的发展主要体现在互联网支付、网贷平台和众

---

① 参见王新：《指导性案例对网络非法集资犯罪的界定》，《政法论丛》2021年第1期，第117页。

筹平台这三个业务领域。近几年来，我国互联网金融快速发展的主要原因是互联网企业跨入金融行业后，发挥其自身优势，发展出创新性的集资方式，快速释放互联网平台所具有的互联网资源。互联网支付平台通过电子商务、证券公司、基金管理公司合作开展创新业务。网贷平台通过网络平台的匹配系统开拓了中小企业和个人的集资渠道。众筹平台则将集资的形式从原本的类似团购的单一形式，扩展到通过互联网进行资金募集的各种新的模式。互联网金融自产生至今，其创新业务的合规性始终是监管部门面对的难题。大量互联网金融业务突破了原有金融监管体系，为此，各监管机构也在不断调整合规标准。尽管监管机构已经出台一系列具有针对性的规范文件，但直到今天，相当数量的互联网金融业务行为仍处于非法的边缘，没有明确定性。

互联网金融的业务行为是突破原有金融监管规则成长起来的业务形式，并不是在传统金融体系中孕育而出的。尽管学界对于互联网金融的概念仍有不同见解，但部分以互联网企业等非银行金融机构为主导进入金融领域开展业务的形式，已被监管部门明确视为一种新型金融业务。目前，我国互联网金融业务发展出各种新型的金融业务形式，以平台功能不同为标准，主要可以分为互联网支付、网络贷款和众筹三类。

（一）互联网支付平台的网络集资辅助作用

互联网支付平台业务在我国互联网金融领域中是最早开展的，也是发展较为稳定的一种业务类型。根据中国支付清算协会发布的《中国支付清算行业运行报告（2020）》中的数据可知，尽管我国经济状况受疫情影响，金融行业的支付清算规模和增长速度并未同往年一样大幅提高，①但总体上，我国互联网支付行业整体保持平稳、高效运行，移动支付量增长仍然较快。但支付平台除提供支付业务外，还创新出新的业务形式。

---

① 腾讯网：《中国支付清算发展报告（2020）》，https://new.qq.com/omn/20200917/20200917A0DSWU00.html，最后访问时间：2021年1月16日。

1.通过交易委托付款为集资提供通道

互联网支付平台在参与互联网交易中，作为网络交易的非独立的第三方，以平台的信用为当事人担保，并根据交易当事人委托付款。此类互联网支付业务是目前互联网金融业务形式中最常见的业务类型。与其他支付平台相比，支付宝平台发展最快。其金融业务之所以能得到快速发展，主要依托于其对接的淘宝网为其提供的大量电子商务交易。淘宝网和京东作为当前热门的电子商务网络平台，拥有稳定、大量、中小额多频次的交易，为其所对接的互联网支付平台提供了业务来源。从技术层面来看，互联网支付业务是依托计算机、移动PC手机等设备中的客户端接入互联网，进行支付类金融服务。从根本上来说，其仅仅起到中介和桥梁作用，是为帮助交易顺利进行和高效进行的服务者。从资金方面来看，支付平台在交易产生前并不控制任何网络交易中的付款人银行资金，只有当网络交易中的付款人确认后，将其在某银行存款账户中涉及交易的资金转入支付平台，支付平台才真正开始控制这一部分资金。平台有权控制资金的基础是支付平台与网络交易付款人之间存在资金的委托管理关系。当网络交易中的付款人确认交易顺利完成，指示支付平台付款时，支付平台才有权将其所持有的网络交易中的付款人的资金支付给交易的卖出人。如果网络交易中的付款人决定终止交易，则支付平台有义务将其所控制的该笔资金按原途径返还到付款人的银行账户。

2.借助支付媒介获取资金

支付平台可以为网络交易的当事人传递和核实银行支付信息。支付平台在这一类业务中并不接收网络交易当事人的银行资金。网络交易中的付款人通过与收款人缔结使用第三方支付平台支付的交易契约，借助支付平台提供的链接，选择付款人的银行网络支付窗口预先付款。在整个交易中，支付平台仅提供银行支付通道业务。如旅客预订酒店时经常会采用此种模式。一般先由入住的旅客先进入酒店预订平台提供的第三方支付链接确认付款，将其在银行的存款转给支付平台进行冻结确认，再通过互联网支付平台通知酒店服务方进行确认，实现预扣住宿费的目的。随着大量商业手机软件的使用，支付平台和软件服务商进一步合作，支付平台对用户所付款项进行预留。如外卖服务商在买方扣款后，并不会立即将款项转给商户，而是经过三日左右才会进行转账，但支付商户的只是原交易金额并不包含孳息。这样的交易过程就使得支付平台占有交易额三日内产生的孳息。

3. 移动客户端支付成为新的付款方式

根据《中国支付清算行业运行报告（2020）》可知，我国非银行支付机构发生网络支付业务中，移动支付和网上支付都保持了2018年的增长模式。①移动客户端支付交易笔数和金额的快速增长，使其迅速成为互联网支付服务的一个新的领域。支付平台开始向与其合作的不同手机软件商推出更优惠的服务，以争夺支付市场。但笔者认为移动客户端支付并不是一种新型的互联网金融业务，因为支付平台并没有创造性地改变其提供支付服务，只将用户登录互联网的路径由固定的计算机移动到了手机、平板电脑等移动客户端上。

以上三种形式的支付业务形式是互联网支付平台目前提供的主要业务类型。互联网支付平台的最初定位是不能直接持有交易款项，而是交由其他非交易指向的商业银行托管。无论是支付业务还是通道业务，无论是采取电脑客户端的交易还是移动客户端的交易，资金通常都不会进入平台自身账户。但这并不影响平台通过为他人提供集资便利参与到集资行为中，在支付平台从事代售基金业务和回款扣留时，可能存在产生资金池的风险。

（二）网络贷款成为新的集资方式

1. 网络贷款的界定

在《指导意见》中，网络借贷的定义是个体和个体之间通过互联网平台实现的直接借贷，包括个体网络借贷（即P2P网络借贷）和网络小额贷款。2016年8月17日，中国银行业监督管理委员会、工业和信息化部、公安部、国家互联网信息办公室联合发布了《网络借贷信息中介机构业

① 腾讯网：《中国支付清算发展报告（2020）》，https://new.qq.com/omn/20200917/20200917A0DSWU00.html，最后访问时间：2021年1月16日。

务活动管理暂行办法》（银保监会令〔2016〕1号）（以下简称《网贷暂行办法》），根据其中的相关条文可知，网络借贷的定义仅为个体和个体之间通过互联网平台实现的直接借贷，而不包括网络小额贷款。网络借贷信息中介机构是指依法设立，专门从事网络借贷信息中介业务活动的金融信息中介公司。该类机构以互联网为主要渠道，为借款人与出借人（即贷款人）实现直接借贷提供信息搜集、信息公布、资信评估、信息交互、借贷撮合等服务。虽然上述都是官方对于网络借贷的定义，但显然《指导意见》中所指的网络贷款的外延更宽，不仅仅指中介平台的业务，还包括人们常说的P2P网络借贷，即个体和个体之间通过互联网平台实现的直接借贷。

网络小额贷款业务是指互联网企业通过其控制的小额贷款公司，向旗下电子商务平台客户提供的小额信用贷款。其典型代表如阿里金融旗下的小额贷款公司。网络小额贷款业务凭借电商平台和网络支付平台积累的交易情况和现金流数据，在线审核评估借款人资信状况，为借款人提供方便快捷的短期小额贷款。阿里巴巴所属的网络小贷向淘宝卖家提供小额贷款，旨在解决淘宝卖家的短期资金周转问题。根据中国人民银行网站公布的《2019年小额贷款公司统计数据报告》可知，截至2019年末，全国共有7551家小额贷款公司，贷款余额达9108.78亿元人民币。[①]

2. 网贷平台主要集资形式

（1）纯线上型

网贷平台仅承担披露借贷双方所需要的基本信息的义务，并不为实际发生的借贷关系承担其他义务。采取纯线上贷款服务模式的平台中最典型的平台是拍拍贷网贷平台。网贷平台对借款人的资质审查主要包

---

① 中国人民银行网：《2019年小额贷款公司统计数据报告》，http://www.pbc.gov.cn/goutongjiaoliu/113456/113469/4061852/index.html，最后访问时间2021年1月19日。虽然小额贷款公司业务额的增速和增量都非常快，但小额贷款公司的业务仅限于贷款公司对外发放贷款，不涉及向公众集资，所以本书不再进一步详细分析其业务问题。

括直接审核和间接评价两种形式。网贷平台根据借款人的基本信息，如个人银行账户流水、工作收入证明、身份信息等，做出借款人的基本风险评价；接着，网贷平台再通过第三方数据中心统计借款人信息，如网络痕迹、个人网络社交信息等，对借款人做出间接风险评价；然后，由审核部门将风险评价进行汇总并对借款人的信用等级进行评级；最后，将借款人依信用等级从低到高分入不同风险区域。网贷平台在数据库中对借款人所发布的借款项目以年化利率进行排序，以便于平台的投资人查询。双方通过平台建立的借贷关系完全由投资者承担风险，平台并不承担任何保证责任。纯线上的业务模式从形式上最大限度地降低融资成本，是网贷平台设立之初最理想的业务形式。但是平台判定风险所依据的所有材料均靠线上采集，缺少对材料真实性的进一步核查，并未真正做到充分把控借款风险。

（2）线上与线下型

此业务模式的产生是受到纯线上模式启发而进行的改进。纯线上业务模式中，网贷平台对于借款人的征信方式存在巨大隐患。由于我国并没有一个较为完备且成熟的征信机构对个体进行信用评分，网贷平台只能采取第三方数据或其他琐碎信息对借款人信用进行评估。网贷平台对借款人的征信是否准确，将直接影响到借款风险的高低。为更加真实评价借款人的信用情况，许多网贷平台开发出线上与线下相结合的评判信贷风险模式。这种业务模式属于通常O2O（Online to Offline）的一种业务模式。为减少贷款违约率，网贷平台不再局限于对借款人进行线上资料审核，而是结合线下进一步具体考察。平台开展线下考察的方式主要包括通过在各地的下属机构了解借款人的具体财务状况、还款能力以及人际关系等。线下负责具体审核工作的人员并不都是网贷公司的工作人员，有的与网贷平台存在直属关系（如陆金所）；有的与网贷平台是直接加盟关系（如翼龙贷网贷平台）；有的则是合作关系（如有利网网贷平台）。业务量较大的平台（如宜信网贷平台）选择在各地设办事处亲自进行审核。平台开展线下对借款人审核的业务模式，是为了力图通过实际接触和了解，加强对借款人实际基本信用信息和还款能力的评价。

平台选择线上和线下结合的业务模式，实际上是线上信用评估能力不足的妥协之策，并未完全发挥互联网金融去中介化的优势。

（3）债权转让型

无论是纯线上型还是线上线下相结合的网贷业务模式，借款合同都在网上签订，只是在借款人的信用资质审核方面存在区别。但网贷平台开展的业务并不局限于通过互联网平台促成借贷关系，还存在债权转让投资业务。网贷平台的债权转让投资业务，是指平台用户可以选择购买平台发布的债权，而不是直接将钱借给某个人。网贷平台通过建立债权的二级市场，帮助用户实现债权转让交易。债权人可以通过平台的自我报价方式进行债权转让，也可以通过债权竞价的方式进行转让。债权人如果采取自我报价的方式发布转让信息，平台要求所交易的债权价格通常不低于债权的本金，且不高于债权本金与当期债权利息之和。如果债权人通过竞拍方式转让债权，则竞拍的起拍价为该借款债权本金余额，竞拍出价为该借款债权本金余额与竞拍加价之和。[①]由于监管规则要求网贷平台不能对自己平台中的项目进行担保，为了在众多网贷平台的竞争中生存下去，有的网贷平台选择充分核实借款人信息，提高平台信誉；有的平台选择开展债权转让业务，彰显自身业务管理能力，提高平台可信度。

（三）多类型的网络众筹集资形式

"众筹"是一种统称，涵盖了多种类型的个人或者企业筹资，但从本质上来说，这些筹资类型都有一个共同的特点，那就是个人或者企业试图通过接触大众，以获得某一目标所需的资金。[②]"众筹"一词源于英语的"crowd funding"。网络众筹平台最早源于美国的Kickstarter平台。公司搭建网络平台，使人们通过视频、文字、图片等方式介绍自己的产

---

① 资料参考自陆金所网：《竞拍服务介绍》，https://www.lu.com/about/auction.html，最后访问时间：2021年3月14日。

② [英]默德威娜里斯·莫格：《众筹（探索融资新模式开启互动新时代）》，路本福译，中国华侨出版社2015年版，第4页。

品或者创意而募集资金。如果有用户对其产品或创意感兴趣，就可以向该产品或者创意出资，待项目完成后投资人可以获得产品、创意作品等回报。近几年来，我国互联网众筹开始兴起，逐渐发展成为互联网金融领域的一种主要业务类型。众筹业务经过互联网金融领域的不断发展正变得更加多样化，其包括一切通过互联网方式为某种目的向众人筹集资金的行为。甚至在一些学者看来，互联网金融中的网贷业务实际上也是一种通过互联网以借款为目的向众人筹资的行为。根据中国人民银行发布的《中国金融稳定报告（2014）》中给出的定义，众筹是指通过网络平台为项目发起人筹集从事某项创业或活动的小额资金，并由项目发起人向投资人提供一定回报的融资模式。①从这一概念的表述可知，众筹业务具有极强的可拓展性，理论上可以将各种互联网融资形式都囊括其中。对于众筹究竟包括哪些形式，不同学者为研究的需要采取不同的划分标准。按募资形式不同，众筹可以被分为捐赠众筹、借贷众筹和股权众筹②。目前多数学者采取众筹研究公司Massolution所提供的分类方法，将众筹分为捐赠众筹（donation crowdfunding）、预付款或奖励众筹（pre-payment/rewards crowdfunding）、债权众筹或P2P网贷（peer-to-peer lending）和股权众筹（equity crowdfunding）四类。③

1. 捐赠众筹

捐赠众筹是募资人通过众筹平台发布需要接受捐赠信息，再通过平台获得众筹款项或其他物品。捐赠众筹的项目申请人不限于自然人，也

---

① 中国人民银行金融稳定分析小组：《中国金融稳定报告（2014）》，中国金融出版社2014年版，第148页。

② 参见李政刚：《论物权众筹的债权属性》，《重庆社会科学》2020年第3期，第109页。

③ 采取此分类的学者较多，主要参见阴越：《论股权众筹差异化信息披露义务》，《法学杂志》2020年第2期，第134页；樊云慧：《股权众筹平台监管的国际比较》，《法学》2015年第4期，第84页；张继源：《关于众筹模式及其效率和问题》，《东岳论丛》2015年第3期，第186页。

包括公益组织在内的其他组织。由深圳市关爱行动公益基金会、深圳市创意谷公益文化发展中心联合主办的创意鼓公益众筹平台是我国较早从事公益众筹的平台之一。目前该平台依然在资助贫困儿童上学、生活等方面有秩序地开展筹款项目。众筹平台上的项目并不限于项目申请人需要救助捐款，还包括其他捐赠项目。如项目发起人是公益图书的作者，其可以在平台发起出版公益图书的捐款众筹项目。目前也有很多公益组织选择与众筹平台合作开展众筹。但捐赠众筹并不仅限于公益目的，其他如个人的创业计划、梦想计划等都可以作为捐赠众筹项目进行发布，因此创业类的捐赠众筹平台也被视为创业孵化器。捐赠众筹平台的发展，使大量的非营利性融资项目获得新的、更广阔的募资渠道。从捐款人的角度，稳定透明的众筹平台可以为任何登录众筹网站的捐款人提供具体可见的捐赠项目内容。相较于向各种基金会、公益组织捐款，在众筹平台针对众筹项目捐款进行众筹更加直接。捐赠众筹业务拓宽了公益组织原本闭塞的项目经营方式，使公益组织既可以通过自己的网站进行募捐项目的发布，也可以通过众筹网站对公益性医疗、教育、卫生、艺术等方面设立众筹项目以寻找资金。

2. 奖励众筹

奖励众筹通常是指项目发起人通过众筹平台发布某一产品或功能性改善项目进行募资。投资人通过投资可以获得该项目相关的产品或服务，或者以优惠价格购买该项目相关产品期权合同。由于奖励众筹发展之初，很多项目都以实体产品作为众筹的回报。因此有些学者将此类众筹称为产品众筹[1]，有的学者则习惯使用预售众筹的概念。[2]原因在于在此类众筹项目中，投资人的资金可被视为众筹回报产品预付款。无论将此众筹称为奖励众筹还是其他称谓，本质上都不存在区别。此类众筹都

---

① 参见王雪、魏航：《产品众筹中价格歧视策略的优化研究》，《中国管理科学》2020年第11期，第12页。

② 参见刘波、刘彦、赵洪江、冷梦玥：《预售众筹与股权众筹的选择：基于众筹平台与企业家声誉的视角》，《金融研究》2017年第7期，第176页。

是通过在众筹平台发布募资项目，并承诺资金用于项目生产，在项目完成时会给予投资人与项目相关的产品或服务的业务形式。

在奖励众筹的项目管理方面，众筹平台采取的项目资金支付方式并不相同。有的平台对于奖励众筹所得资金通过开设独立账户将所募集的款项暂存于该账户中。当项目发起人向平台提交项目完成材料，并被审核项目所承诺的目的达到时，才能获得项目通过平台所募集的款项。而有的平台选择先向项目发起人支付所募集款项的一半，将剩余款项作为完成项目承诺的保证金。当项目如期完成，平台将向发起人支付剩余款项。如项目最终未完成预期目标，平台将会把剩余款项按比例返还给投资人。也有平台为减少持有和管理项目资金的工作量，选择在项目募资达到发起人最低要求后，直接将所有募集到的款项支付给项目发起者。

奖励众筹是目前众筹平台开展最普遍的业务形式。奖励众筹项目所涉及的领域十分广泛，如复古的手工瓷碗众筹项目、科技电子产品研发项目、特殊品种的樱桃种植项目、微电影制作项目等。目前奖励众筹的回报形式也不限于足额认购。即使投资者只投资10元钱，也可获得一定回报。如投资者虽然不能获得商品，但是可以收获低价购买新研发产品的期权。平台通过将投资人按投资能力开发不同的项目产品，可以充分带动小额投资人参与募资资金总量较高的项目中，也可以降低大额众筹项目的集资难度。

3. 股权众筹

股权众筹是指公司通过众筹网站发布融资信息，通过出让公司部分股权未来收益的方式吸引投资人投资。虽然目前已经有很多平台在开展股权众筹业务，但该业务发展并不顺利。最初美微传媒公司通过淘宝网以出售会员卡的形式募资，结果公司转让公司原始股的模式被证监会勒令停止，并被要求返还募集资金。虽然美微传媒的销售模式并未成功，但此次大胆创新为之后股权众筹业务探明了道路。目前股权众筹项目可以在现有证券法和私募股权基金的规则内进行。2014年12月18日，中国证券业协会发布了《私募股权众筹融资管理办法（试行）（征求意见稿）》（以下简称《私募众筹意见稿》）力图引导股权众筹合法发展。

虽然该规范性文件目前尚未正式出台，但股权众筹的业务形式已经基本被监管部门认可。

传统股权众筹是投资人通过认购在众筹平台发起众筹项目的公司股份，以股东的身份参股到众筹项目公司。投资人依靠项目公司分红实现获利，也存在股权众筹项目采取共同设立有限合伙企业的形式。项目的投资是新成立的有限合伙企业，众筹项目的发起人与众筹的投资人共同成立有限合伙企业。新成立的有限合伙企业中的投资人作为有限合伙人与发起众筹的公司作为普通合伙人。投资人通过合伙协议获得未来收益。以成为公司股东的方式完成众筹，有时会超过公司人数限制，目前较流行的众筹是分两类投资人成立有限合伙后再进行入股，并不是项目资金直接进入而使投资人各自成为股东。在这种众筹形式中，投资人分为领投人和跟投人共同成立有限合伙企业；领投人作为有限合伙企业的普通合伙人，负责参与融资公司的管理。跟投人则作为有限合伙企业的有限合伙人，不参与合伙企业和项目公司的经营和管理，也不直接持有融资公司的股权。

二、刑法规制互联网金融领域中集资行为的困境

互联网金融业务的创新过程就是为了满足金融发展需求，尝试打破现有监管规则的有益尝试。但按照我国目前刑法对非法集资的规制标准，有些互联网金融领域的创新集资行为，可能已经符合刑法规制非法集资行为的犯罪构成。为尽可能鼓励互联网金融领域的金融创新业务的开展，监管者有时会选择相对滞后的评价方式，以业务开展的结果好坏决定是否允许该业务继续存在。但金融监管对互联网金融领域的创新型集资行为的评价方式与刑法对集资行为的评价方式，二者的内在逻辑并不一致。在处理互联网金融中集资行为的定性时，二者由于在评价体系和方法两方面存在差异，可能导致对同一行为存在不同判断结果。

（一）互联网支付业务是否涉及集资犯罪

1. 通过代售基金的集资行为入罪问题

在互联网支付平台的金融创新业务中，人们对没有代售基金业务许可开展基金推介的合法性存在争议。以余额宝为例，由证监会公示的

《基金销售支付结算机构名录（2013年5月）》可知，支付宝平台仅为从事为基金销售机构提供支付结算服务的互联网支付机构，[①]并不具备证券监管部门许可的从事销售基金的资质。而支付宝不仅对天弘基金下的货币基金进行推介和代售，并以余额宝为名通过互联网进行公开宣传。在宣传过程中公司还发布了涉及投资余额宝的年化利率信息。支付宝公开集资的行为从形式上已经符合当前刑法规制非法集资的适用条件，即在违反基金销售监管规定的条件下，采用向网站上的不特定对象进行公开宣传的方式，并在宣传中承诺给予回报。购买余额宝的投资人并没有直接与天弘基金公司签订合同，都是通过支付宝账户进行交易，但证监会对支付宝代售天弘基金的行为没有直接认定行为违法并进行处罚。证监会认为余额宝业务中有部分基金销售支付结算账户并未向监管部门进行备案，也未能向监管部门提交监督银行的监督协议，违反了《证券投资基金销售管理办法》和《证券投资基金销售结算资金管理暂行规定》的相关规定。监管部门只要求支付宝就此次"余额宝"业务所涉及未备案的基金销售支付结算账户限期补充备案，逾期未进行备案的，将根据相应法律规定进行调查处罚。[②]按照证监会于2014年2月28日召开的新闻发布会的相关内容可知，余额宝的代销模式被认为是一种便捷性账户增值服务，从本质上属于互联网支付业务与货币市场基金产品的组合创新。[③]证监会认为，支付宝只起到客户导入的作用，并未参与基金销售业务，并将支付宝代售模式定义为一种金融创新。但证监会将支付宝视为不是在从事销售基金业务的认定并不妥当。支付宝宣传与其包装后的余额宝实

───────────

① 中国证券监督委员会网：《基金销售支付结算机构名录（2013年5月）》，http://www.csrc.gov.cn/pub/zjhpublic/G00306208/201306/t20130617_229323.htm，最后访问时间：2021年2月21日。

② 第一财经网：《证监会纠错余额宝庆幸未被叫停》，https://www.yicai.com/news/2806389.html，最后访问时间：2021年1月19日。

③ 中国证券业协会网：《证监会2014年2月28日新闻发布会》：https://www.sac.net.cn/hyfw/hydt/201403/t20140303_84312.html，最后访问时间：2021年1月19日。

际挂钩的天弘基金就是在从事基金销售的宣传行为。证监会的认定结论缺乏合理性，导致刑法无法对此类代售行为进行处置。如果将该类行为按照刑法规制非法集资犯罪的模式认定为犯罪，就会陷入金融管理机构认为合法而刑法认为违法的困境。

2. 沉淀资金问题

沉淀资金是在支付平台涉及委托付款业务过程中，由于商家需要将货物通过物流交付买方手中，而在此期间，交易货款由支付平台进行保管。目前电商交易过程并不是当日结付，因此支付平台会因保管资金而产生沉淀资金。虽然监管部门要求支付平台处理交易资金与平台资金时，需将交易资金与自有资金实行分隔管理，不能将代持资金与平台自有资金混同，但对交易资金所产生的沉淀资金如何处置并没有进行明确规定。交易货款先从买方转移到支付平台，由支付平台支付给托管银行。在买方确认收货后，支付平台再将托管银行中的交易款支付给卖方。由于单笔交易款产生的资金沉淀发生在托管过程中，所以很难被交易双方察觉。如果平台将大量沉淀资金据为己有，则平台的行为可能构成犯罪。

（二）P2P网贷与非法集资的区分

网络借贷是个体和个体之间通过互联网平台实现的直接借贷。所以P2P网贷所建立的借贷关系应当属于民间借贷范畴。网贷业务是以互联网为主要渠道，为借款人和出借人实现直接借贷提供信息搜集、信息公布、资信评估、信息交互、借贷撮合等服务。按照《网贷暂行办法》第三条和第十条的要求，网贷平台只是融资双方的中介，不能在信贷交易中充当借款人、贷款人或担保人。网贷平台所提供的服务主要围绕着借贷双方的信息交互展开。所以，网贷平台业务的本质是信息中介，一旦网贷平台的角色发生变化就属于违规行为。网贷平台不能从事吸收公众存款的业务，也不能通过归集资金设立资金池，不得作为出借人提供任何形式的担保等。

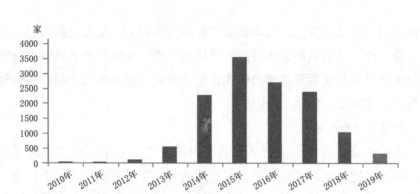

数据来源：网贷之家研究中心

图2-1 各年P2P网贷运营平台数量走势图

据网贷之家和前瞻产业研究院的统计分析数据显示，2015年全国P2P网贷成交额已增长到1.18万亿元人民币。2018年网贷行业成交量达到17948.01亿元人民币。2019年全年网贷行业成交量仅为9645.11亿元人民币，成交量减少达46.24%。①金融监管部门对网贷行业的合规性严控是导致成交量锐减的主要原因。在监管部门的要求下，2020年底，全国未转型的网贷平台已不足百家。大量平台存在违规开展业务问题，并从2014年开始陆续出现兑付风险。

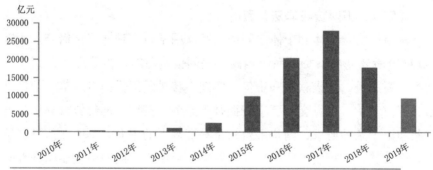

数据来源：网贷之家研究中心

图2-2 各年停业及问题平台数量走势图

据网贷之家网站提供的统计资料显示，2019年全年退出行业的网贷平台数量为732家，由于正常运营平台数量基数下降，2019年停业及问题

---

① 数据与图片参考自网贷之家网：《网贷之家P2P网贷行业2019年年报》，https://www.wdzj.com/news/yc/5533101.html，最后访问时间：2021年1月28日。

数量相比2018年有所减少。[①]2015年12月份，新发生停止经营、提现困难、失联跑路等问题的网贷平台有202家。在P2P网贷行业中，自2013年以来，出现各种问题的平台共计1518家，其中在2015年全年共1156家，占76.15%。[②]到2018年，上千家网贷平台从本行业消失，全年停业及问题平台总计为1279家。2018年，问题网贷平台出现数量并非历史最高峰，但其影响却最广。据不完全统计，2018年，问题网贷平台涉及贷款余额超千亿元，达到1434.1亿元，远超此前问题网贷平台累计涉及贷款余额总和。[③]据统计，2019年全年退出行业的平台数量为732家。很多地区发布清退当地所有网贷平台的消息。[④]监管部门发现部分网贷平台存在项目资金不进入平台账户的行为，甚至已发展成为通过项目吸收存款、发放贷款的非法金融机构。在《网贷暂行办法》出台前，大量网贷平台出现，但缺少具有针对性的行业规范进行规制，导致网贷平台管理混乱。在《网贷暂行办法》出台后，监管部门开展风险排查和违规平台清理工作，大量平台因存在违规运营行为而被要求限期整改或清退。监管部门大力整治网贷平台乱象时，刑法却因为在规制非法集资行为的认定模式方面不能与网贷平台监管规则相适应，而无法发挥其应有的作用。部分监管机构认为在网络借贷平台上成立的直接借贷关系应属于合法的民间借贷关系。网络借贷平台可以发挥平台的中介功能，为投资方和融资方提供信息交互、撮合、资信评估等中介服务。网络借贷平台具有互联网金融中介的性质，为借贷双方的直接借贷提供信息服务，不属于非法集资。金

---

① 数据与图片参考自网贷之家网：《网贷之家P2P网贷行业2019年年报》，https://www.wdzj.com/news/yc/5533101.html，最后访问时间：2021年1月28日。

② 数据参考自网贷之家网：《2015年全国P2P网贷行业年报》https://www.wdzj.com/news/baogao/25555.html，最后访问时间2021年1月28日。

③ 数据参考自网贷之家：《网贷之家P2P网贷行业2018年年报》，https://www.wdzj.com/news/yc/3693772.html，最后访问时间：2021年1月28日。

④ 数据参考自网贷之家网：《网贷之家P2P网贷行业2019年年报》，https://www.wdzj.com/news/yc/5533101.html，最后访问时间：2021年1月28日。

融监管机构管理的对象是网贷平台，是针对网贷平台的自融行为和增信行为。集资问题的监管未涉及个人通过网贷平台非法集资行为。刑法规制网贷平台运行中的违规行为时，由于难以明确是否需要监管部门认定违法，因此介入困难。

1. 通过网贷平台集资的入罪化问题

2015年9月23日，最高人民检察院发布了6起金融犯罪典型案例，蔡某集资诈骗案就是个人通过网贷平台进行诈骗的案件。①该案被告人利用网贷平台信息不对称的特点，发布虚假信息，骗取投资者资金。按照刑法认定非法集资犯罪的标准，即使项目发起人不具有非法占有目的，但通过网贷平台发布项目集资的行为也可能被认定为犯罪。

（1）通过网贷平台发布集资信息具有公开宣传的特性

网贷平台通过建立与项目数据相关联的搜索引擎，将项目发起人的集资信息进行汇总整理，供投资人查看。投资人通过网贷平台搜索到符合自己要求的贷款项目后，会通过点击项目链接了解项目相关的基本信息和项目发起人提交的集资信息。投资人通过平台提供的联络渠道与项目发起人进一步沟通后（包括线上和线下），在线上签订合同并向网贷平台提供的链接支付款项。网贷平台的集资信息是对所有投资人公开的。因此，集资人只要在网贷平台发布集资信息，就符合刑法中向不特定对象非法集资的公开性条件。目前个别网贷平台采取先由集资人发布项目并填写申请借款项目的信息，平台审核通过后，线下协助借款人和贷款人完成借款合同的签订。按此模式集资是否依然符合刑法中非法集资公开性的要求？还有的网贷平台采取实名注册与线下审核相结合的形式帮助双方签订合同，在平台实名注册的贷款人需要符合一定标准。集资者通过网贷平台发布的借款信息只能被网站实名注册的投资人知道。通过网贷平台进行非纯线上集资的行为，如果被认定为刑法所规制的"向不特定对象"非法集资也并不恰当。

---

① 正义网：《最高检发布6起依法查处金融犯罪典型案例》，http://news.jcrb. com/jxsw/201509/t20150923_1548544.html，最后访问时间：2021年3月1日。

（2）网贷平台集资行为合法性的认定存在矛盾

虽然《指导意见》已经明确网贷平台业务属于互联网金融行业中的一种业务类型，但《中华人民共和国立法法》（以下简称《立法法》）第八十条规定，部门规章规定的事项应当属于执行法律或者国务院的行政法规、决定、命令的事项。《网贷暂行办法》效力当然低于作为行政法规的《非法金融机构和非法金融业务活动取缔办法》（以下简称《取缔办法》）。规范性文件的效力位阶差异所导致的结果是中国人民银行通过部门规章所认可的网络贷款业务，因与相关的行政法规存在冲突而无效。另外，网贷平台业务并不限定项目借款人的身份，自然人和组织都可以通过网贷平台进行融资。但如果公司通过网贷平台发布项目进行集资，再将所募集的款项作为借款通过平台借给其他项目，那么该公司的行为就属于通过网贷平台变相经营银行业务。根据《中华人民共和国商业银行法》（以下简称《商业银行法》）第二条和第三条的内容可知，公司在未取得银行业从业许可的情况下，不得从事吸收存款、发放贷款等业务。但《商业银行法》第三条的表述内容仅规定了吸收公众存款属于银行业务行为，并未进一步解释吸收公众存款的认定标准。目前监管者在判定公司是否存在吸收公众存款行为时，通常会考虑其集资规模和集资次数。公司公开集资通常采取发行公司债券和股票的方式，但需要经过监管部门的合规审查。如果通过网贷平台公开发布集资信息，无须达到发行债券合规性条件的公司就可以变相达到公募的效果。在网贷平台开展集资行为的合法性尚不能确定时，刑法按照目前规制非法集资的模式进行调整，就存在突破刑法谦抑性的问题。

2. 债权转让业务行为入罪化问题

在网贷平台业务发展过程中，债权转让模式是网贷平台为满足用户债权变现需求而开发出的新业务。网贷平台为债权人更快实现变现需求，将债权按一定比例进行拆分，再将拆分后的债权作为借款项目进行融资。我国实行的是证券、银行与保险分业监管体制，网贷业务归属于银保监会监管范围内，由银保监会制定的相关规则进行规制。《网贷暂行办法》第十条明确将网贷平台进行拆期集资认定为违法行为，但网贷平台通过将债权拆分再进行融资的行为并没有被禁止。在实践中，债权拆分再融资的项目更类似于发行证券的行为。如甲公司让网贷平台协助其融资10万元，年化利率20%，还款期限3年。随后，该网贷平台以自己为债权人，将甲公司10万元债权拆分为1000份，设立每份100元人民币，年化利率不变或加1%作为管理费开展债权转让项目。网贷平台的这种行为，在形式上并不违反将债权拆期操作的要求，没有产生债权期限错配的问题，但却出现向不特定对象发行债券的不合规问题。《网贷暂行办法》第十条第八款规定，网贷平台不得从事"开展类资产证券化业务或实现以打包资产、证券化资产、信托资产、基金份额等形式的债权转让行为"，但如何定义类资产证券化业务却仍需依靠证券监管规定进行判定。在《证券公司及基金管理公司子公司资产证券化业务管理规定》（中国证券监督管理委员会公告〔2014〕49号）第二条中，证监会对资产证券化定义为"以基础资产所产生的现金流为偿付支持，通过结构化等方式进行信用增级，在此基础上发行资产支持证券的业务活动"。虽然资产证券化的概念已经有文件进行明确界定，但"类资产证券化"的范围却难以被一般人准确把握。平台提供债权的转让功能，可以方便债权人通过平台实现债权流通变现。现实中还存在网贷平台通过将一些债权进行打包重组，再组成项目包让投资人购买。这种拆分方式实际上类似于资产证券化方式，监管规则要求网贷平台不能直接将资金流入平台账户，必须将资金存入第三方托管银行，但并未明确要求平台不得对所登录的债权项目进行操作。《网贷暂行办法》第十条也只是对网贷平台拆期行为进行禁止，对拆额行为并没有禁止。而从实际效果来看，网贷平台拆分债权有利于在该平台进行融资的借款人顺利进行融资。由于项目发起者在网贷平台发布项目存在融资期10日的上限，网贷平台通过拆分融资额度不仅能在通过审核流程上加快融资速度，也可以提高项目融资的成功率。不过网贷平台的业务范围应以服务借贷双方订立借贷合同为中心，而网贷平台从事债权转让业务的核心则是经营合同形成的债权。网贷平台的债权转让业务依据目前刑法中非法集资的认定标准，借用平台公开向不特定对象融资，是可以被纳入刑法规制范围内的。这一类型的交易目前并未被视为发行债券，因为从监管层面上看，我国尚未将之归入证监会监管之下，而是归为银保监会监管。这一行为可以被视为目前并不涉及违法证券的规定。如果该行为不是吸收存款，也不是发行证券，那么还能否被刑法所规制就成为一个难题。从业务范围的角度来看，从事债权转让业务的网贷平台其业务是对现有监管规则的突破。网贷平台经营债权二级市场的业务模式也存在是否合规性的问题。即使网贷平台不从事债权拆分的业务，仅提供债权交易的平台服务也存在被认定为非法集资的可能。网贷平台帮助债权人通过互联网公开向不特定对象进行转让债权的宣传，特别是通过竞拍方式的债权转让形式，也可能存在构成非法吸收公众存款的风险。

3. 超限额设立项目集资入罪化问题

《网贷暂行办法》第十七条规定，网络借贷金额应当以小额为主，并要求自然人通过网贷平台集资上限金额不超过20万元人民币，非自然人的上限金额不超过100万元人民币。同一自然人在不同网络借贷信息中介机构或平台借款总余额不能超过100万元人民币，非自然人则为500万元人民币。如果集资人超过《网贷暂行办法》限额集资或平台帮助集资人超过限额进行集资，可能将构成非法吸收公众存款罪。

4. 网贷平台的虚假增信行为入罪化问题

网贷平台作为金融中介，不允许参与项目集资并形成资金池，仅能收取提供借贷交易信息的服务费。按照《关于办理非法集资刑事案件运用法律若干问题的意见》（以下简称《非法集资适用意见》）的规定，网贷平台如果为他人向社会公众非法吸收资金提供帮助，从中收取代理费、好处费、返点费、佣金、提成等费用，可构成非法集资的共犯。因为网贷平台存在着明知集资人信息通过网贷平台向社会公众传递而放任的行为。信息发布者构成非法集资类犯罪，网贷平台也涉及共犯。因此，网贷平台如果对于借款人的借款金额和出借人数不加控制，就可能成为借款人进行非法集资犯罪的工具。在实际案例中，一些网贷平台通过担保为集资方吸引投资人，如陆金所早期的彩虹产品即以平安旗下的担保公司提供担保。虽然网贷平台禁止为交易者提供本息的担保或承诺，但网贷平台通过关联方、子公司等形式直接或间接为集资方提供增信服务的现象十分常见。

网贷平台的收入来源为撮合借款成功后从中收取的手续费（一般为借款金额的一定百分比），因此完全有理由将网贷平台认定为借款人非法集资的共犯。[①]网贷平台为了吸引借款人在该平台发布项目，采取发布虚假交易信息的手段，包括提供虚假的交易额、成交记录、投资项目等，营造出平台成交量大、可投资的项目多、兑付比率高等假象，以提高平台的竞争力。平台通过虚假项目或业务信息披露的方式，提升平台集资项目的可靠性，营造出平台所提供的投资项目更为优质的假象，导致投资人在选择投资时产生偏见和误导。如果借款人构成非法集资类犯罪，网贷平台也可能因通过虚假对外宣传为其招揽投资人而构成犯罪。

（三）众筹是否涉及非法集资类犯罪问题

奖励众筹、回报众筹和股权众筹都是通过互联网的形式向社会不特定对象公开进行集资的行为。虽然股权众筹在未来可能通过设置合格投资者将此形式的募资归类为私募领域，但由于《取缔办法》的规定，使得目前各类众筹业务方式仍可能具有违法性，并符合刑法规制非法集资类犯罪的标准。

1.捐赠众筹的入罪化问题

捐赠众筹一般是指个人或单位为了得到赞助或捐款，通过众筹平台发布集资信息的行为。捐赠众筹所募集的资金并不具有增值性，投资人向平台支付款项是赠与行为，而非以获利为目的的投资行为。如在手机APP免费软件资助的众筹项目中，发起者通过众筹网站发布捐赠形式的众筹项目，并提供软件的预期功能、开发周期、预期完成时间、需求资金量等内容。项目投资人从众筹平台提供的相关信息中了解项目内容，支付款项的目的仅为支持项目运行和开发，而非获利。募捐行为在非互联网金融领域也十分常见。我们可以在单位、学校甚至街头巷尾接触到

---

① 参见彭冰：《P2P网贷与非法集资》，《金融监管研究》2014年第6期，第21页。

因各种原因而希望获得捐助的人。《中华人民共和国公益事业捐赠法》（以下简称《公益事业捐赠法》）对募捐行为和方式进行了限制，公益募捐活动并不能随意开展。截至2019年底，众筹平台数量已从2016年的532家下降至105家，其中捐赠众筹平台只有21家。①捐赠众筹中公益平台发展稳定，涉及设计、科技、音乐、影视、食品、漫画、出版、游戏、摄影等范畴的平台项目相对较多。捐赠众筹在《指导意见》中没有被提及，因此关于个人或单位的捐赠众筹行为的合法性存在不稳定因素。

目前，我国的捐赠众筹主要受《中华人民共和国民法典》（以下简称《民法典》）、《公益事业捐赠法》、《基金会管理条例》等法律法规约束。依据《公益事业捐赠法》第二条规定，此法规是调整自然人、法人或者其他组织自愿无偿向依法成立的公益性社会团体和公益性非营利的事业单位捐赠财产，用于公益事业的相关行为规范。《公益事业捐赠法》第五条规定："捐赠财产的使用应当尊重捐赠人的意愿，符合公益目的，不得将捐赠财产挪作他用。"集资者所募集的资金应当依据捐赠人的意愿不得挪用，通过众筹形式的公益募捐要符合专款专用的目的。但对于是否要定期披露则没有做出强制要求，只是规定了捐赠人享有查询权，即查询相关财产的使用管理情况。《基金会管理条例》第三条则特别指出，基金会分为公募基金会和非公募基金会，且按募捐地域分为地方性和全国性的基金会。对于个人公开募捐的行为，《中华人民共和国慈善法》规定，不具有公开募捐资格的组织或者个人，不得采取公开募捐方式开展公开募捐。可见个人不得面向公众通过网络众筹方式进行募捐。但即使募捐者具有公开募捐资格，募捐众筹的合法性依然存在疑问。虽然我国对发起赠与没有过多进行限制，以个人名义通过互联网发起非公益性募捐，也不受基金会等机构相关的规定约束，但从外部

---

① 由于分类标准不同所以此处分析数据可能有所差异，仅供读者参考。数据参考自前瞻经济学网：《2019年中国众筹行业发展概况及市场趋势分析》，https://www.qianzhan.com/analyst/detail/220/191211-b20362db.html，最后访问时间：2021年2月1日。

形式上来说，它依然受到刑法公开向不特定对象募集资金的规制。而对于受募捐的人如果做出"日后重谢"或"以后一定加倍偿还"之类的承诺能否构成刑法中所涉及的"承诺还本付息或给予回报"亦是此类众筹存在的问题。众筹的回报不一定限于货币的形式，如有的学者认为，在捐赠众筹中，筹资人完成慈善项目并向出资人汇报是对出资人的回报。①如果精神回报也算是回报的一种，那么《非法集资解释》中所指的"回报"是不是仅限于物质，就值得进一步讨论。

2. 奖励众筹的入罪化问题

预付款或奖励众筹此前被从业者宣传为一种"团购"行为，不属于金融范畴。但实际上预付款众筹并不是真正意义上的预付款，而是发布者发布项目开发信息和生产规模，再通过互联网融资，将所生产的产品或购买产品的优惠折扣作为此次募集资金的回报。由于其形式上和买卖交易相似，所以这种形式被认为是一种涉众交易行为的前置环节，类似集团购物的行为。奖励众筹由于具有明确的回报，并且在形式上也符合通过互联网的形式公开向不特定对象筹集资金，因此就更容易涉及刑法所规制的非法集资行为，如发布融资者提供的项目宣传信息是虚假的，或者项目资金一部分用于项目开发，其他资金则被挪作他用。这些行为当然属于违反募资合同的行为，也确实扰乱了通过互联网众筹的融资秩序。如果涉及非法占有目的，奖励众筹或预付款众筹的定罪问题就更加困难。由于根据当前刑法对非法集资的规制体系，集资诈骗罪的定罪需要以成立非法吸收公众存款类罪为前提，而非法吸收公众存款罪的成立要求其行为必须违反金融管理法规。由于这一众筹行为的合法性并未由银保监会或证监会监管，并出台相应的法律法规予以明确，所以这种行为也可能被认定为符合非法吸收公众存款罪。

────────────

① 虽然出资人与筹资人的权利义务关系在不同的众筹模式中的表现不可能完全相同，但有一点是共同的，即筹资人有义务按照其在众筹平台上向不特定出资人所做的允诺完全兑现，在没有线下另外立约的情况下，网站项目介绍的内容构成筹资人与出资人权利义务关系的凭据。

3. 股权众筹入罪化问题

股权众筹是目前这三种众筹方式中，唯一一个被金融监管机构明确为需要纳入金融监管体系内的众筹形式。与其他众筹不同的不是其特有的募资方式，而是由于其交易对象是非上市公司的股权。《指导意见》中将股权众筹平台定义为融资中介机构的一种，明确了其作为金融中介平台，通过股权众筹的方式，对多层级资本市场建构起到了积极作用。股权众筹在小微企业资金融通方面的作用体现较为明显。根据该文件要求，通过股权融资中介机构进行股权众筹融资的企业，应当将企业的基本信息对投资者进行充分披露，并将融资企业的商业模式、资金使用情况、财务及公司经营等方面的信息如实表述，不能存在误导和欺诈。股权众筹是一种创新型的融资领域。在目前监管体制下，企业开展股权众筹只能通过股权众筹融资中介平台进行，而不能通过其他未经业务许可的平台进行，即体现了股权众筹平台的专业性要求和业务准入要求。同样也将未经批准擅自开展股权众筹业务的机构列入了刑法规制的视野中。

根据中国人民银行发布的《中国金融稳定报告（2014）》可知，众筹融资是指通过网络平台为项目发起人筹集从事某项创业或活动的小额资金，并由项目发起人向投资人提供一定回报的融资模式。众筹融资平台扮演了投资人和项目发起人之间的中介，使创业者从认可其创业或活动计划的资金供给者中直接筹集资金。[①]"天使汇"是当前股权众筹平台中较为典型的众筹平台。发起者可以通过该融资平台发布众筹融资信息，以交付投资者投资项目的股权或投资项目未来预期收益等作为募资回报。2014年12月18日发布的《私募众筹意见稿》由证券业协会起草，由此可知，股权众筹融资业务由证监会负责监管，这进一步说明股权众筹可被视为一种证券发行的形式。

---

① 中国人民银行金融稳定分析小组：《中国金融稳定报告（2014）》，中国金融出版社2014年版，第148页。

尽管《私募众筹意见稿》认为，将公司以股权众筹的形式，通过互联网募集资金的行为是私募股权交易行为，但这并不等于其不具有刑事违法性。比如我国未上市的有限责任公司和股份有限公司的股东人数是存在上限的，有限责任公司股东人数上限为50人，股份有限公司的股东上限为200人。如果开展股权众筹的发起者是有限责任公司，那么有可能在募集时违反超过公司股东人数上限的规定。特别是一些想通过众筹进行初创的企业一般都会采取有限责任公司的方式设立公司，但有限责任公司在进行股权交易的过程中很难保证将股东人数控制在50人范围之内。《中华人民共和国证券法》（以下简称《证券法》）第九条第二款第二项规定，"向特定对象发行证券累计超过二百人"也被认定为公司公开发行证券的行为。因此即使该征求意见稿正式出台，依然会存在与刑法规制上的合法性认定之间的矛盾，从而使得股权众筹的形式进入到刑法对非法集资规制的视野中。因为在形式上，当前刑法对非法集资的规制考虑是非法性、公开性、社会性和回报性这四个特性，目前，股权众筹有可能涉及违反相关金融管理法律法规，如《证券法》等。在《私募众筹意见稿》中，股权众筹是向特定对象的集资，但在当前刑法的规制下，对于不特定对象的认定与其他法律规范并不完全统一，如还需考虑集资人和集资对象之间的关系，包括对象是否是单位内部工作人员及其亲友等。我国目前非法集资认定公开性的标准中还包括口口相传的形式，这也可能使部分股权众筹被认为是涉及非法吸收公众存款的行为。也有学者认为，通过股权众筹方式进行的集资符合《非法集资解释》中规定的"以投资入股的方式非法吸收资金"的集资方式，并认为股权众筹由于可能涉及未经监管部门批准而涉及公开发行的相关规定，属于非法吸收公众存款中借用合法形式吸收资金的类型。[①]通过《证券法修改草案》第十二、十三条可知，未来证券法进行注册制证券发行方式改革后，通过互联网等众筹方式公开发行证券可以豁免公开发行证券的注册

---

① 参见莫洪宪、刘芷含：《互联网股权众筹的刑事风险防范及规制》，《广西大学学报（哲学社会科学版）》2018年第2期，第28页。

和核准。但依据现行法律，仍然存在着股权众筹可能被视为非法集资并纳入刑法评判的问题。

综上所述，互联网金融所涉集资行为并不应当都被刑法评价为非法集资。如何确定一个合理的认定非法集资行为的标准，以及非法集资行为认定后如何进行合理定罪量刑，将成为本书下一部分研究的重点内容。

第三章

刑法对非法集资行为的规制

　　"非法集资"并不是刑法所特有的概念，它既存在于刑法分则集资诈骗罪的法条表述中，也存在于国务院制定的金融行业相关的行政法规中，还存在于金融监管部门制定的部门规章中。刑法中的"非法集资"究竟所指什么，与其他法律法规有何关系，以及刑法为何要对其进行规制，要明确这些问题都需要先对其进行全面深入的了解。

一、刑法规制非法集资行为的沿革

　　研究刑法中对非法集资规制的渊源，是弄清非法集资如何进入刑法规制视野的途径之一。通过对不同时期中刑法对非法集资规制方式的梳理，可以对刑法规制非法集资的方式进行较为全面的掌握，并从其中找出刑法规制非法集资的原因。

　　（一）针对财产权保护的规制时期（1978—1995）

　　在这一时期，我国刑法对不涉及侵害财产权的非法集资行为并不纳入规制的范围。这是由于我国实行改革开放之后，货币对社会发展的重要性随着改革的深入而被人们再次提及。从国家确立改革开放、转变计划经济发展方式开始，货币在生产和生活中的作用就变得日渐重要起来。在计划经济体系下，人们对募集资金的需求一般并不大。因为物品按计划进行分配，货币的作用极其有限，即使人们募集了大量资金也没有通过资金运转获利的方式。在此时期，货币几乎丧失其应有的价值。改革开放后，货币再次成为物资流转的核心。人们手中的货币恢复了真实的交换功能，从而使得汇聚资金具有重要意义。随着改革开放的不断深入，商品流通开始主要依靠货币支付实现，各地方机关单位的具体工作也开始需要通过货币才能进行。如在计划经济时期，建设公路等工程并不需要直接去市场购买材料，水泥、砂石等建筑材料并不进入流通领域，工程从建设立项到进行施工，材料的获取都是通过申请按方案调配的。而改革开放后，工程建设等则需要使用货币进行采购，开展项目建设的支持更依赖于货币的支持。无论是企业生产还是个人消费，货币都开始变得非常重要。从计划经济时期的按计划供应，改为依照市场以货币构成的参照价格进行资源调配的方式转变，让一些人意识到大量募集货币可以更加有效地获利。从国家对集资行为的干预程度可以看出，我国此时仍然处于计划经济体制时期，并未完全转型为市场经济体制。私营经营形式在1988年才通过宪法修正案得以正式合法化，而在此之前，各地已存在的各种集资行为都被认定为非法集资，而个人经营形式则于1993年才被认定为合法。这使得当时即使有人筹集到资金，但得以运用的渠道也十分有限。

随着改革开放，各个行业的市场化不断深入，货币的持有量也逐渐出现人群差异和地区差异。此时一些政府机关和单位也开始出现各种集资行为。1983年8月10日，中共中央办公厅、国务院办公厅发布了《中共中央办公厅、国务院办公厅关于坚决制止以"集资"为名向企业事业单位和个人乱摊派的通知》。这也使得地方政府、部门和单位成为这一时期的主要集资者。此时的非法集资主要表现为以各种"谋福利"方式向被集资者宣传，在违反被集资者对货币处分自由的情况下，实施名为公利集资实为直接摊派各种费用的行为。此时依然处于计划经济时期，生产建设项目都要符合国家的经济建设计划，仅对一些应急必要的项目批准通过集资方式建设。笔者认为，在这一时期，国家对集资行为采取半放开的管理方式，只要满足以下特征的项目即可进行集资：第一，集资目的限于与人民群众利益相关的事项；第二，集资是为了应对计划之外存在的突发性事项，能缓解计划经济的僵硬性；第三，对于集资的事项须经集资单位和民众讨论确定，民众提供资金必须符合自身意愿。从上述这三个要求可以看出，当时国家认为集资是一种计划经济外的补充，是可以由地方政府和单位开展的。

国家对集资行为不完全禁止的目的在于，使这些集资行为作为对中国人民银行统一规划中固定资产信贷按计划发放的不足进行补充。尽管这一时期国务院发布了一些关于禁止集资的文件，如根据《国家经济贸易委员会、中国人民银行关于解决企业流动资金问题的通知》（国经贸〔1993〕188号）可知，当时其实存在着不符合国家规定进行房地产和股票交易的集资行为，但这些行为并没有进入刑法的规制范围。集资行为仅是违反行政命令，并不在刑法的规制范围中。在1979年颁布的《中华人民共和国刑法》（以下简称《刑法》）第三章中，在破坏社会主义经济秩序罪中设置了投机倒把罪，但根据最高人民法院、最高人民检察院发布的《关于当前办理经济犯罪案件中具体应用法律的若干问题的解答（试行）》定义，投机倒把行为并不包括集资行为。可见，这一时期刑法对于集资本身并不单独定罪处罚，而是按照侵害财产所有权的行为进行规制。

（二）非法集资行为分类规制时期（1995—1997）

虽然此前国家已经对政府和单位集资行为进行了限制，并提出了应当遵循的集资标准，但实际上并没有得到很好地实施。1995年，《中华人民共和国公司法》（以下简称《公司法》）和《商业银行法》等法律的出台，使非法集资的主体从政府部门和单位进一步扩大到了个人和公司。公司制度的确立，促使许多人通过筹集资金的方式建立有限责任公司或股份有限公司。国家为了促进市场经济转型，也制定了许多放开政策，很多企业开始通过发放企业债券扩大生产规模。不过此时的债券发放并不是完全按照公司法进行，而是受到国家宏观经济政策的严格控制。根据国务院于1993年发布的《关于坚决制止乱集资和加强债券发行管理的通知》第三条规定可知，我国当时各地方企业发行债券有年度最高限额，如果发行债券，需要经过国家计划委员会和国务院证券委的许可。企业发行短期的融资券需参照中国人民银行的相关规定，期限一般不超过9个月，只能用于弥补企业的临时性或季节性流动资金短缺。另外，企业发行的债券利率也不能超过同期国库券的利率。正是由于企业实际存在资金需求，而又受到诸多限制，使得非法发放债券的行为屡见不鲜。刑法对此行为的规制方式由于受到时代限制，略显无力，而企业通过高利率发行债券的行为，并未纳入1979年《刑法》第一百一十七条对金融投机行为的规制之中，只能对涉及诈骗、挪用和贪污等行为进行规制。由此，也产生了大量的非法集资问题，如公司发起人虚构成立公司利用募集设立公司的方式集资、公司未经批准大量发行股票和债券等。1995年2月28日，全国人大常委会通过了《关于惩治违反公司法的犯罪的决定》，用单行刑法规制利用公司制度和债券进行的非法集资行为。

此时期，我国正面对通货膨胀压力、大量未经批准的基建工程投资、银行存款低增长和企业流动资金短缺依然大量存在等问题，银行实行严格的信贷宏观调控政策，只能通过贷款发放限制等方式对企业拆借、非法集资进行调整。1995年5月10日，全国人民代表大会常务委员会通过的《商业银行法》明确了商业银行的业务范围，并在其中第七十九条规定，"未经中国人民银行批准，擅自设立商业银行，或者非法吸收公众存款、变相吸收公众存款的，依法追究刑事责任；并由中国人民银行予以取缔"。1995年6月30日，第八届全国人民代表大会常务委员会第十四次会议通过《关于惩治破坏金融秩序犯罪的决定》，将"未经中国人民银行批准，擅自设立商业银行或者其他金融机构""非法吸收公众存款或者变相吸收公众存款，扰乱金融秩序""以非法占有为目的，使用诈骗方法非法集资"等行为通过单行刑法的方式列入刑法规制范畴中。这也与同时期通过的《商业银行法》关于金融行业的规定相衔接。

这一时期最具标志性意义的就是"非法集资"这一表述通过单行刑法正式进入刑法的范畴。但此条文并不是《关于惩治破坏金融秩序犯罪的决定（草案）》中原有的，而是在讨论后于第八届全国人民代表大会常务委员会第十四次会议上新增的。根据《全国人大法律委员会关于〈全国人民代表大会常务委员会关于惩治破坏金融秩序的犯罪分子的决定（草案）〉审议结果的报告》可知，新增此罪名的理由是"犯罪分子以集资为名，在社会上进行诈骗，并将骗得的巨款卷逃、挥霍的犯罪情况比较突出，这类犯罪活动严重破坏金融秩序和人民群众的正常生活秩序，影响社会稳定，应当区别于草案第六条第二款规定的情形，做出明确、严厉的规定"。①随后在1996年12月16日，最高人民法院发布《关于审理诈骗案件具体应用法律的若干问题的解释》（法发〔1996〕32号）的通知中，也确认了"非法集资"这一概念为"法人、其他组织或者个人，未经有权机关批准，向社会公众募集资金的行为"。

通过《关于惩治破坏金融秩序犯罪的决定》和最高人民法院的相关解释可以看出，这一时期刑法所规制的非法集资行为被归纳为两个类型。一个是对违反银行业监督管理规定设立和从事存款业务行为进行规制，另一个是对以集资为名实施诈骗的行为进行规制。通过《关于惩治破坏金融秩序犯罪的决定》审议结果的报告可以看出，立法者对于非法集资的规制主要是由于当时案件数量激增、案件受害人数较多、涉案金额较大等因素，认为以集资为名进行诈骗严重破坏金融秩序和民众生活秩序，力图通过制定法定刑上限为死刑的新罪名来规制此类犯罪。从侧面反映出，此时立法者对于非法集资的规制重心依然侧重于防止财产权受到侵害，而不是保护金融秩序。通过《关于惩治破坏金融秩序犯罪的决定》设置的主要罪名数量也能看出，当时对于非法集资的规制虽然引入了"非法吸收公众存款罪"的表述，但对于金融秩序的行为更多是被以侵犯财产罪定罪处罚的。

（三）严于金融管理规定的重刑时期（1997—2010）

1997年，我国刑法进行了一次较大的修改，关于非法集资的规制方式也发生了变化。此次修改后的刑法典吸收了《关于惩治违反公司法的犯罪的决定》和《关于惩治破坏金融秩序犯罪的决定》这两部单行刑法的内容。此次刑法修改将涉及《关于惩治违反公司法的犯罪的决定》中通过虚假集资设立公司等犯罪行为，设在分则第三章中"破坏社会主义市场经济秩序罪"的第三节"妨害对公司、企业的管理秩序罪"中。此

---

① 全国人民代表大会常务委员会：《全国人大法律委员会关于〈全国人民代表大会常务委员会关于惩治破坏金融秩序的犯罪分子的决定（草案）〉审议结果的报告》，http://www.npc.gov.cn/wxzl/gongbao/1995-06/23/content_1480113.htm，最后访问时间：2021年3月1日。

次刑法修改将《关于惩治破坏金融秩序犯罪的决定》做了拆分，把此前提到的几种诈骗犯罪——一提出，设在分则第三章的"破坏社会主义市场经济秩序罪"下，单设为第五节，统称为"金融诈骗罪"。余下的犯罪归入第四节中的"破坏金融管理秩序罪"。并将第一百九十二条集资诈骗罪的有期徒刑刑期层级做了调整，将原《关于惩治违反公司法的犯罪的决定》中"数额较大"的诈骗行为，从最高处有期徒刑三年调整到五年，将"数额巨大或者有其他严重情节的"，处三年以上十年以下有期徒刑调整为处五年以上十年以下有期徒刑。此次修改并未将非法集资行为单独作为一种犯罪类型进行规定，而是将此前的单行刑法进行一定的吸收和修改。2001年1月21日，最高人民法院发布的《全国法院审理金融犯罪案件工作座谈会纪要》（以下简称《金融会议纪要》）对破坏金融管理秩序相关犯罪数额和情节做出认定。该文件认为，集资诈骗罪，欺诈发行股票、债券罪和非法吸收公众存款罪，在客观上均表现为向社会公众非法募集资金。该文件还提出认定金融诈骗罪要求其具有非法占有目的，并列出了七种可以推定为具有非法占有目的的情形。

在此时期，国务院和中国人民银行分别对非法集资行为进行了不同的解释，并发布了相关行政法规以规制非法集资行为。1998年7月13日，国务院发布的《取缔办法》第四条第二款对非法金融业务进行定义，将非法吸收公众存款、变相吸收公众存款以及非法集资都包含其中。该办法还进一步对非法吸收公众存款和变相吸收公众存款的行为进行释义，认为"非法吸收公众存款，是指未经中国人民银行批准，向社会不特定对象吸收资金，出具凭证，承诺在一定期限内还本付息的活动；所称变相吸收公众存款，是指未经中国人民银行批准，不以吸收公众存款的名义，向社会不特定对象吸收资金，但承诺履行的义务与吸收公众存款性质相同的活动"。在1999年1月27日中国人民银行发布的《关于取缔非法金融机构和非法金融业务活动中有关问题的通知》（以下简称《取缔非法金融的通知》）中将非法集资的范围扩展为不仅涉及银行本身的存款业务行为，还包括股票、债券、彩票、投资基金证券或发行其他债权凭证领域。在此通知中归纳了非法集资行为的四个特点：第一，未经有关部门依法批准，包括没有批准权限的部门批准的集资以及有审批权限的部门超越权限批准的集资。第二，承诺在一定期限内给出资人还本付息。还本付息的形式除以货币形式为主外，还包括以实物形式或其他形式。第三，向社会不特定对象即社会公众筹集资金。第四，以合法形式掩盖其非法集资的性质。

通过国务院发布的行政法规我们可以看出，国家对于非法集资的认定范围十分宽泛。依据该行政法规，只要是符合未经批准的承诺回报的吸收资金行为都可以视为非法集资。非法集资是否和行政法规相一致，刑法的立法机构和司法机关没有明确说明。不过最高人民法院发布的《关于审理诈骗案件具体应用法律的若干问题的解释》中对于非法集资的解释，实际上要比《取缔非法金融的通知》中对非法集资的解释更宽泛。因为金融监管部门认定的非法集资行为要求必须具有还本付息或相同性质的回报，而司法解释中并没有此要求。这使得刑法不仅通过更重的刑罚对非法集资行为进行规制，而且规制的范围也较金融监管规定有所扩大。

（四）轻刑化和谨慎化规制时期（2010— ）

在2010年最高人民法院发布的《非法集资解释》中，将非法吸收公众存款的认定方式、规制、行为特征等做出明确解释。此规定与《取缔办法》以及中国人民银行发布的《取缔非法金融的通知》中针对非法集资的相关规定一致。这也使得刑法对非法集资的规制范围不再超过金融监管规则认定的范围。以此司法解释内容为基础，刑法形成以非法吸收公众存款为基础罪名对非法集资行为进行规制的模式。该解释还列举了11种以非法吸收公众存款罪定罪处罚的具体非法集资形式，并提出非法吸收公众存款行为的追诉标准和量刑要素。此次解释对于非法吸收公众存款的数额计算做出了调整，将之前相关司法解释中的吸收户数改为吸收的人数，并提出以吸收数额的全额计算非法吸收公众存款罪的犯罪数额。该司法解释进一步对于集资诈骗罪的"非法占有为目的"提供了七种可推定的情形，并对集资诈骗罪的量刑层级做了说明。根据参与起草该解释的人员的说明，非法集资行为涉及7个罪名，包括《刑法》第一百六十条欺诈发行股票、债券罪；第一百七十四条擅自设立金融机构罪；第一百七十六条非法吸收公众存款罪；第一百七十九条擅自发行股票、公司、企业债券罪；第一百九十二条集资诈骗罪；第二百二十四条组织、领导传销活动罪；第二百二十五条非法经营罪。[①]2014年，最高人民法院、最高人民检察院、公安部发布《关于办理非法集资刑事案件适用法律若干问题的意见》（以下简称《非法集资适用意见》），细化"向社会公开宣传"和"社会公众"的解释。2015年8月29日，全国人大常委会通过的《中华人民共和国刑法修正案（九）》将死刑从集资诈骗罪中废除。2019年，最高人民法院、最高人民检察院、公安部联合印发《关于办理非法集资刑事案件若干问题的意见》中，再次对非法集资行为的"非法性"认定、单位犯罪认定、主观故意的认定等问题做出进一步明确规定。

为适应金融创新的需要，这一时期金融监管规则开始出现变化，我国的金融行业不仅开始推进利率市场化，改变了原有监管体系下严格的利率管控，并且发展出以互联网企业开展金融业务的创新方式。互联网金融这一业务形式的出现，反映出监管部门对金融业务原有的严格审批形式开始有所松动。金融监管部门将部分突破监管规则的行为视为金融创新的态度，将刑法对非法集资的规制范围进一步缩小。此时我国刑法对非法集资行为的规制方式采取以非法集资涉及的行政法规为行政违法性判断基础，在刑罚设置上也不再一味强调刑罚的威慑作用。在这一时期，司法领域对资金用于生产经营的犯罪人谨慎认定非法占有目的的意见，也显示了刑法规制非法集资行为时更加趋于谨慎的动向。

二、刑法关于非法集资行为的界定

通过上述可知，"非法集资"一词并不是出自刑法，而是来源于国家行政命令。只是立法者为便于对这一行政违法行为进行刑法评价，才直接引入刑法法条之中。我国刑法中像"非法集资"这种非刑法用语作

---

① 参见刘为波：《〈关于审理非法集资刑事案件具体应用法律若干问题的解释〉的理解与适用》，《人民司法》2011年第5期，第26页。

为刑法条文表述的并不少见，如"招摇撞骗""玩忽职守"等。但是玩忽职守的犯罪具有身份限制，一般不具备特定身份的人无法构成此罪。而身份这一特性其实能从"职"字中有所体现，因此玩忽职守的表述较非法集资更符合刑法的明确性要求。非法集资的内涵并不足以表达出立法者所要表达的意思，所以必须对刑法中的非法集资用语进行解释。

（一）非法集资行为的界定

非法集资行为在不同时期存在着不同的内涵和外延。刑法所规制的非法集资的概念随着时代发展而发生着变化。因此，对非法集资行为的界定是研究刑法规制非法集资行为方式的前提和基础。

1.界定非法集资行为的必要性

非法集资作为直接被规定在刑法条文中的用语，仅从逻辑和语义分析并不能充分体现立法者的原意。"集资"按照《现代汉语词典》中的解释是聚集资金之意。①集资并不能脱离于实际生活，它以各种形式存在于日常生活之中，只不过由于主体或用途不同被赋予了不同的称谓。比如银行吸收存款，是一种由银行发起的集资。又如福利性集资房，也是一种由工作单位发起的集资；公司发行股票和债券是一种由公司发起的集资。这些不同的集资有的涉及国家金融管理，如发行股票、开展商业银行存款业务等，有的涉及一般民事合同，如民间借贷。

如果从文义上来看，非法集资是指违反法律的集资。而具体违反哪部法律，并不能从字面含义中获得答案。如果将非法集资中的"法"理解为一切法律法规，那么在民间借贷中存在故意延期履行还款义务，也是集资人违反《民法典》第五百零九条规定的行为。倘若以此判定该行为是刑法中特指的非法集资，不符合立法者的立法目的。即便按照金融行政法规对非法集资的解释，从抽象意义上判断非法集资行为也存在不妥。如一位乞丐沿街乞讨并承诺10年后发财一定加倍返还的行为，从客观上来讲也是聚集资金。不过这种解释结果并不符合通常意义上我们对非

---

① 中国社会科学院语言研究所词典编辑室编：《现代汉语词典》（第7版），商务印书馆2016年版，第612页。

法集资的认知，毕竟在我们的认识中很难将非法集资和乞讨行为联系到一起。不过如果从抽象意义上看，乞丐的这种乞讨行为，按照《取缔办法》的标准，确实是公开向不特定对象吸收资金，承诺一定期限还本付息，并且未经中国人民银行批准的行为。由此可见，用"非法"限定集资后得出的"非法集资"一词外延依然过大。虽然较仅用"集资"这一更为宽泛性概念而言，非法集资的范围有所限缩，但依旧不足以说明非法集资是一个稳定的、确定的可以较明确使用的概念。

2.非法集资行为的认定标准

通过上文中非法集资规制的沿革可知，我国刑法当前采用的是通过非法吸收公众存款罪、集资诈骗罪等对非法集资行为进行规制。但目前仅在"集资诈骗罪"中将"非法集资"直接表述在法条中，非法吸收公众存款罪的法条中并未含有此用语。根据我国《刑法》第一百七十六条非法吸收公众存款罪的法条表述，非法吸收公众存款罪是指非法吸收公众存款或变相吸收公众存款，扰乱金融秩序的犯罪行为。如果刑法要用非法吸收公众存款罪对非法集资行为进行规制，就必须对法条进行解释。当前我国刑法采取的是通过《非法集资解释》对"非法集资"重新定义。根据该司法解释，非法集资是指违反国家金融管理法律规定，向社会公众（包括单位和个人）吸收资金的行为，需符合非法性、公开性、利诱性和社会性四个方面的构成特征。

（1）非法性

与《取缔非法金融的通知》中所总结的非法性不同，《非法集资解释》中的"非法性"为未经有关部门依法批准或者借用合法经营的形式。虽然较中国人民银行的规定中仅包括未经依法批准的集资行为相比，《非法集资解释》中对非法性的认定范围有所扩张。但如果比较《取缔办法》中对变相吸收公众存款的解释，《非法集资解释》中的非法性更像是它的一个简化表述。司法解释是对刑法法条的具体解释，非法吸收公众存款罪的法条中包含变相吸收公众存款的行为。所以司法机关参照行政法规中对变相吸收公众存款的解释并不超出金融监管的范围。而且违反金融管理法律规定的集资行为可能存在很多形式，司法机关认为行为的非法性当前主要体现在未经批准和借用合法经营者两种形式中。司法机关认为集资行为非法性的判断依据包括全国人民代表大会常务委员会通过的法律如《商业银行法》《证券法》等，也包括中国人民银行发布的规范性文件，如1999年《关于进一步打击非法集资等活动的通知》。[①]

（2）公开性

当前，司法机关认定非法集资行为具有公开性，不仅指通过媒体、推介会、传单、手机短信等途径向社会公开宣传的形式，还包括明知吸收资金的信息向社会公众扩散而予以放任等形式。司法机关采取这种解释方式主要是为了便于评价实际案件中采取"口口相传"方式进行集资信息宣传行为。这一宣传方式也是目前大量被认定为非法集资行为的行为人所采取的方式。不过依据《非法集资解释》的规定，司法机关在判断是否符合这种间接宣传方式时，还需要排除对集资者亲友和单位内部员工宣传的情况。

（3）利诱性

利诱性要求集资人在发布集资信息时需承诺回报作为吸引资金的诱饵。所承诺的回报并不仅限于现金给付，也可以包括非货币方式，如产品、消费服务或者公司的股权等。司法机关认为非法集资行为必须是有偿的集资，不包括公益性的集资。[②]不过对于支付的回报是否必须超过本金的价值，司法解释却没有进一步明确说明。

（4）社会性

司法机关认为非法集资可以被以非法吸收公众存款罪进行限定的原因是其行为的社会性，即具有向不特定对象集资行为的特性。不过按照目前的司法解释，司法机关判定某行为是否具有社会性的标准，并不仅

---

① 刘为波：《〈关于审理非法集资刑事案件具体应用法律若干问题的解释〉的理解与适用》，《人民司法》2011年第5期，第25页。

② 刘为波：《〈关于审理非法集资刑事案件具体应用法律若干问题的解释〉的理解与适用》，《人民司法》2011年第5期，第25页。

限于集资对象本人。当前在判定某一集资行为是否属于向不特定对象集资时，既考察集资人主观上集资的对象是否特定，又考察是否确信集资对象接受集资信息后不会再将集资信息进行扩散。如果集资人所实施行为的辐射面连集资人自己都难以预料、控制，或者在蔓延至社会后听之任之，不设法加以阻止的，同样应当认定为向社会不特定对象进行非法集资。①

（二）刑法规制的非法集资行为类型

《非法集资解释》明示了非法集资行为主要以非法吸收公众存款罪和集资诈骗罪定罪处罚，并对定罪处罚的标准进行了进一步阐述。《非法集资解释》也明确了刑法所规制的非法集资行为的特征，即具体由非法性、公开性、利诱性和社会性四个方面构成。该司法解释还列举了实践中非法集资的11种行为方式，具体包括：①不具有房产销售的真实内容或者不以房产销售为主要目的，以返本销售、售后包租、约定回购、销售房产份额等方式非法吸收资金的；②以转让林地所有权并代为管护等方式非法吸收资金的；③以代种植（养殖）、租种植（养殖）、联合种植（养殖）等方式非法吸收资金的；④不具有销售商品、提供服务的真实内容或者不以销售商品、提供服务为主要目的，以商品回购、寄存代售等方式非法吸收资金的；⑤不具有发行股票、债券的真实内容，以虚假转让股权、发售虚构债券等方式非法吸收资金的；⑥不具有募集基金的真实内容，以假借境外基金、发售虚构基金等方式非法吸收资金的；⑦不具有销售保险的真实内容，以假冒保险公司、伪造保险单据等方式非法吸收资金的；⑧以投资入股的方式非法吸收资金的；⑨以委托理财的方式非法吸收资金的；⑩利用民间"会""社"等组织非法吸收资金的；⑪其他非法吸收资金的行为。实际上司法解释中所列举的这11种行为可以概括为以下三类非法集资行为类型。

———————

① 刘为波：《〈关于审理非法集资刑事案件具体应用法律若干问题的解释〉的理解与适用》，《人民司法》2011年第5期，第26页。

1. 投资经营型

此类型的非法集资行为一般是以房地产销售，或是以租种作物和林木等方式，通过在集资人和投资人之间设立一种生产销售关系，从形式上让投资人认为获得了财产的所有权，还获得了租用关系所保证的未来收益。如海南省部分房地产楼盘推出的酒店式公寓项目，就被指出有可能涉及非法集资。因为一些楼盘在出售时并不具有房地产预售许可，其所签订的合同也并不是房地产买卖合同，而是投资合同。在实际生活中，这种形式有时被认定为融资租赁关系，即投资人为了享受出租某物的回报而购买该物进行出租。但此行为实际上与融资租赁关系不同，融资租赁关系中承租人是以融资租赁关系的成立为基础，并且承租人和租赁物的出售人不是同一个人。笔者以辽宁东华集团的蚂蚁养殖案件和万里造林案中集资模式为例进行进一步说明。在蚂蚁养殖案件中，集资者先宣传养蚂蚁能赚钱，再与蚁农签订预期收购协议，并承诺到期按约定价格收购蚂蚁，但需养殖户缴纳1万元的押金。[1]万里造林案是通过将低价收来的土地高价转租给投资人，并承诺8年后造林可获利，并提供护林人员等。此类案件的行为核心，是通过集资人和投资人之间签订从事某项经营事务的合同，但需要交纳一定数额的资金，资金名目多样，可以是押金、保证金或者启动资金等。[2]而有些案件中，集资人确实从事该项经营，被认定为构成非法吸收公众存款罪，而未进行经营的则多构成集资诈骗罪。事实上，并不是所有采取先出售再租用或管理的行为都能直接被认定为非法集资，而应当视具体情况来认定该模式是否合法。如产权式酒店的经营方式也是采取先出售再由管理人负责将已售出的房屋进行出租，仅从该行为的客观构成上，完全符合刑法的要求，但其主观目

---

① 新华网：《用蚂蚁非法集资30亿 营口东华经贸公司案被通报 》，http://news.cctv.com/law/20070509/101705.shtml，最后访问时间：2021年3月1日。

② 中国法院网：《内蒙古万里大造林案宣判：董事长总经理等10人获刑》，https://www.chinacourt.org/article/detail/2008/12/id/338983.shtml，最后访问时间：2021年3月1日。

的主要是为了销售房屋而不是为了集资。从违法性的条件上，非法集资行为必须违反相关金融管理法律规定。如蚂蚁养殖案、万里造林案等存在实际经营的案件，认定其从事金融行业行为，是由于其主观目的不是为了经营，而是为了形成资金池。

2. 欺诈出售金融产品类

无论是通过虚假表述为投资人提供债券、基金和保险，还是宣传可进行投资理财，都是以合法投资形式进行宣传，实际上进行非法集资。司法解释中所列举的以投资为名骗取资金的行为，经常出现在具有非法占有目的的集资诈骗案件中。一般这种形式的非法集资行为多表现为通过从业便利，将虚假的投资保险等金融产品的项目书或投资合同向投资者进行宣传，将客户资金打入从业人员的私人账户。在实践中，还存在很多具有从业资格的相关从业人员以欺诈方式违法销售金融产品吸收资金的情况。如证券或银行业务员诱导和欺骗投资人，宣传自己所销售的金融产品是所属公司代售的、存在担保关系、承诺无风险等，使投资人误认为投资安全性较高而盲目投资，最终遭受损失，或诱使投资人投资与业务员所属机构无关的投资项目，以从中赚取融资提成。

3. 民间组织集资类

实践中存在着一些以各种名义成立的"会"用来募资，诸如"同乡互助会""经济互助会"等。这些组织一般结构松散，通常没有固定的组织管理形式，大多是提供一个相互交流互助的平台。这类案件主要是通过承诺，以对加入的会员支付高息为诱饵，吸引会员并缴纳会费，再用所收取会费支付已加入会员的利息。还有一些集资形式则是以会员制形式，为他人提供集资场所，并对会员宣传使其进行投资。但在集资人宣传时并不说明具体项目，只是为了通过稳定的会员吸收资金并建立资金池。

综上所述，当前刑法对非法集资行为的认定标准和列举的行为类型都是针对传统金融行业中的非法集资行为建立的，采取以非法吸收公众存款罪为核心的规制模式，也是契合行政法规对非法吸收公众存款行为的解释。这一看似合理的规制方式随着互联网金融蓬勃发展，受到我国金融监管部门所倡导的金融创新要求的挑战。

第四章

互联网金融下刑法规制非法集资行为的改良路径

　　非法集资已成为一个横跨行政法、民法与刑法的特有用语。刑法对非法集资行为的规制保护着我国金融系统的安全，同时影响着我国新兴的互联网金融的发展。立法者欲将横跨证券、银行、电子商务、生产销售等诸多领域的行为，概括成一个具有共同违法性的，且可被刑法非难的行为并非易事。目前，不同行业、不同领域涉及的监管规则并不相同，这导致现在难以将是否经过金融监管部门批准作为非法与否的统一判定标准。在我国传统金融体系下，公司等单位向公众融资的方式只能是公开发行股票、公司债券。依照我国《证券法》的规定，能采取公开发行股票、债券的公司都具有较高的门槛，因而大量公司在从银行无法继续贷款的情况下，往往就会选择以非法集资的方式解决资金周转问题。正因为存在这些问题，我国才将发展互联网金融作为解决中小企业和个人融资中存在的融资渠道单一、融资成本高等问题的解决途径。当前刑法认定非法集资行为主要是依据《非法集资解释》所确定的具体标准。该标准也是参照中国人民银行于1999年发布的《取缔非法金融的通知》中对于非法集资的定义。但原本中国人民银行的定义是将非法集资仅限于金融领域，即以发行股票、债券、彩票、投资基金证券或其他债权凭证的方式。而司法解释则借助扩大"变相吸收存款"为变相吸收资金，将非法集资的涵盖范围扩展到任何涉及资金融通的领域。司法解释所采取的这一方式也给互联网金融的发展造成了很大的阻碍，如在本书提及的网贷业务、股权众筹和联合销售的互联网支付平台的发展，都因忌惮触及刑法中非法集资的问题而无法大量拓展业务。

一、调整刑法关于非法集资行为的认定标准

（一）非法集资认定标准应适应金融改革的需求

根据国务院发布的《关于进一步做好防范和处置非法集资工作的意见》可知，未来会对视为非法集资认定标准之一的《取缔办法》进行修订。2016年，《网贷暂行办法》的发布标志着我国将通过互联网进行集资的行为认定为合法合规的集资行为。由于目前将非法集资认定为犯罪的范围极为宽泛，使得互联网金融相关企业只能寄希望于监管部门能够尽快出台相关规定，使一些原本满足了刑法中非法集资特征的互联网金融业务能够尽快摆脱被认定为非法集资犯罪的处境。最高人民法院在2015年发布的《关于审理民间借贷案件适用法律若干问题的规定》进一步明确了民间借贷的合法性，使目前刑法对非法集资认定范围过大的问题进一步显露出来。一方面，互联网金融以金融创新为目的，在监管部门的明示或默示的情况下，以金融创新为目的突破了现有的部分金融监管规则。而另一方面，刑法却仍然恪守非法集资的认定范围。二者之间必然有一方要做出调整，以消除惩治犯罪与金融创新之间的矛盾。

当前刑法选择以非法吸收公众存款罪作为基础罪名，对非法集资行为进行规制，是由于我国目前《证券法》中对证券的概念定义过窄。这一狭窄的概念使得大量具有证券属性的投资合同不能得到有效的金融监管。尽管监管规则的制定者已经开始在紧锣密鼓地制定新的规则，以适应当前金融发展需要，但由于受当前证券概念本身适用范围所限，监管规则的改变对此类行为性质的影响收效甚微。对于刑法而言，罪刑法定原则的要求使刑法对证券概念的理解无法突破现行《证券法》的规定。虽然涉及金融管理秩序的犯罪要以违反金融管理秩序为前提，但刑法为了满足惩治非法集资犯罪的刑事政策需要，选择通过大范围适用非法吸收公众存款罪，并以变相吸收公众存款的形式认定非法集资行为。不过根据目前的规制效果，该规制模式对非法集资规制并不合理，其根源在于中国人民银行的规定是1999年提出的，目前的金融体系与当时相比已经发生了较大变化。互联网金融作为一种金融创新，必然是对原有金融体系的改变。通过对非法吸收公众存款罪适用范围的重新界定，将原本

应当适用不同罪名的非法集资行为进行规制。尽管与互联网相关的，如《私募股权众筹融资管理办法》等细则规定还在制定之中，但对于互联网金融业务的合法性已经基本确定。在互联网金融规则的不断建立和调整的同时，当前的金融境况也对刑法中涉及互联网金融的集资型犯罪如何定罪量刑提出了新的要求。

目前，对非法吸收公众存款的认定主要依据《取缔办法》对以还本付息形式的集资进行规制。刑法通过"非法吸收公众存款罪＋集资诈骗罪"的模式规制非法集资行为，只是过渡时期的一个解决方式。

（二）非法集资行为的认定标准不合理

集资人采取未经批准公开发行股票、债券的集资行为，仅从资金归集的角度也可以被视为是一种非法吸收公众资金的行为。司法机关过度解释存款的概念，将"资金"代替"存款"会使得非法吸收公众存款罪成为一个"口袋罪"，模糊了罪名之间的边界。如前文所述，非法吸收公众存款罪立法表述中对于何为"非法"并没有明确说明，对于何为"变相"也没有明确解释，这导致大量的案件存在是否应该入罪的问题。为了进一步明确和适用刑法中关于非法集资的相关罪名，2010年，《非法集资解释》对于非法吸收公众存款罪、集资诈骗罪进行"重新打造"，使二者更符合打击非法集资的现实需要。对于有非法占有目的的非法吸收公众存款的行为以集资诈骗罪定罪，没有非法占有目的非法吸收公众存款的行为则认定为非法吸收公众存款罪。

不过该司法解释对于非法吸收公众存款行为的认定范围进行了大幅度扩张，使得原本文义上只涉及银行存款业务的行为，扩展到符合非法性、社会性、利诱性和公开性的吸收资金行为。这使得本来仅针对吸收公众存款的行为扩展到了更多方面，既可以是发起设立公司时的借款，又可以是成立公司后公开发行的债券，还可以是通过公开以类似传销的承销保收益的方式等。非法吸收公众存款罪的认定已发展成为不需要与存款有关，只要符合四个特性的吸收资金的行为就可构成该罪。另外，司法解释所提出的这四个特性并没有起到明确界分罪与非罪的功能。

1. 非法性的认定标准不明

原本司法解释中所指的变相吸收存款的行为仅限于借用合法经营的方式。参与司法解释的起草者认为，在判断集资行为的非法性时，不仅可以根据《非法集资解释》中的行为特性和列举的具体类型为认定标准，还可以参考中国人民银行发布的《关于进一步打击非法集资等活动的通知》中对非法集资的认定标准。①可见明确司法部门对刑法中集资行为的非法性判断并没有统一的标准。而在金融监管规定中效力较高的《取缔办法》并没有对非法吸收公众存款和变相吸收公众存款提出具体的限定条件，只规定集资行为如果是向不特定对象吸收资金并出具凭证，还承诺还本付息即可认定具有非法性。在现实中也存在着将向不特定对象借款再放贷的这种不符合借用合法经营方式的行为认定为非法吸收公众存款罪。所以刑法目前所认定的非法集资并不限于合法经营，也可以是一般人向不特定对象借款的行为。《非法集资解释》所列举的集资行为，使一些原本不属于银行和证券领域的行为纳入非法集资的规制之中。

目前国务院发布的《取缔办法》对于变相吸收存款的解释使非法集资的认定比非法吸收公众存款的行为更为宽泛。在中国人民银行制定的《取缔非法金融的通知》中，非法集资被认为是一类包括非法发行股票、债券、彩票等债权凭证的公众集资行为，与非法吸收公众存款的关系是前者包含后者。也就是说，非法集资是非法公开发行股票、债券、彩票及吸收存款的上位概念。如果按此理解来治罪，会使得非法吸收公众存款罪将可包括《刑法》第一百七十九条"擅自发行股票、公司、企业债券罪"中公开发行股票、债券的犯罪行为。

2. 非法集资的公开性认定存在分歧

在实践中，司法机关将以"口口相传"方式集资的行为，视为采取公开宣传方式集资的行为。根据笔者调查的案件资料显示，超过半数的

---

① 刘为波：《〈关于审理非法集资刑事案件具体应用法律若干问题的解释〉的理解与适用》，《人民司法》2011年第5期，第25页。

以非法吸收公众存款定罪的非法集资案件中，司法机关认为口口相传是一种公开宣传集资的方式。《非法集资适用意见》将明知集资信息会被扩散而放任向社会公众扩散也视为集资者向社会公众集资的行为。在2014年召开的国家处置非法集资部际联席会议办公室关于非法集资工作情况新闻发布会上，主持工作的负责人表示，实践中有些行为人采取口口相传的方式非法吸收资金，通常是承诺在一定期限内以货币、实物、股权等方式还本付息或者给付回报，这些相关信息非常容易在社会公众中大范围快速扩散。如果行为人明知吸收资金的信息向社会公众扩散，并未设法加以阻止，而是放任甚至是积极推动相关信息传播，这在实际效果上与主动向社会公众传播吸收资金信息并无差异。因此，这类行为也应当被认定为"向社会公开宣传"。①结合2009年刑法修改前后最受关注的吴英案来看，吴英被认定其行为属于非法集资的原因是，虽然其直接借款行为并不具有公开向社会公众宣传的特征，但直接借款的对象中存在向其他民众再集资的二次借款者。司法机关认为吴英明知其所借款的对象会再向他人借款而放任该行为发生，并接受向不特定对象募集的资金也应构成向不特定公众集资。②但笔者认为，此逻辑并不符合刑法对罪行与罪责一致的要求。如甲向好友乙借款，而不制止乙向他人借款的行为，并不能被视为甲是通过乙向他人借款。甲向乙的借款和乙向其他人的借款行为是两个独立的行为，应分别承担罪责。从财产流转的层面，根据债权债务的相对性，乙另行签订的借款合同并不对甲有约束力，也不由甲承担责任。即使乙向他人披露了甲的存在，也并不能因此将甲拉入乙和他人的债权债务关系中。从金融管理规范的违反层面分析，涉及违规融资行为的只有乙，而没有甲。如果要将这两个行为一同评价只有

① 新华网：《国家处置非法集资部际联席会议办公室2014年非法集资工作情况新闻发布会》，http://www.xinhuanet.com/politics/2016-02/04/c_1117996224.htm，最后访问时间：2021年3月11日。

② 相关案件可参见浙江省金华市中级人民法院（2009）刑二初字第1号刑事判决书。

通过共同犯罪的认定，而不能直接推定甲对乙的行为负责。而"口口相传"并不仅是甲向乙到乙对丙为止，而是丙继续向丁转达乙借钱的信息。司法解释不应设定由非共犯关系人承担他人罪责的规则。

在实际案件处理中，还存在行为人公开宣传的内容是公司形象而不是集资信息，但在认定是否具有公开性时，依然被认定为符合非法吸收公众存款的公开宣传的情况。在一些以宣传企业形象为名，带人参观公司、厂房等，再一对一地进行投资或借款沟通的案件中体现得较为突出。此时认定集资人是否存在非法吸收公众存款行为，从逻辑上便存在一个问题，即以个人名义签订借款合同的行为，与公司宣传形象等行为，是否可一概而论地认定为公开宣传行为。如果采取一刀切的方式，将公司的日常宣传经营也视为股东借款的行为，就进一步扩大了刑法规制的范围，使非法吸收公众存款罪的"口袋化"进一步加重。在笔者所调查的非法集资案件中，绝大部分都是由于行为人是采取口口相传的公开宣传方式进行融资，从而被定罪处罚。司法者认为"口口相传"属于公开宣传，是因为刑法对于"向不特定对象"和"公开宣传"的理解与金融法规对这两个概念的理解存在认识上的不同。司法实践中对于"口口相传"能否构成公开宣传，有的时候是以集资人与投资人的关系进行判定的。司法解释中亲友和单位员工都是涉及集资人和投资人的关系要素。对于这一认识，在《非法集资适用意见》中有明确规定，并且此司法解释还将放任集资信息扩散的行为也认定为公开宣传。但笔者认为只要不能被证明是受融资发起人唆使，或组织后进行扩散融资信息的，"口口相传"就不能认定是集资人在进行公开宣传。对于司法解释中指出的将"明知吸收资金的信息向社会公众扩散而予以放任"的行为，视为集资人进行公开宣传并不妥当。如果想认定集资人通过投资人进行集资信息的宣传，最合理的方式是证明二者存在共同犯罪关系。

（三）对非法集资行为认定标准的改进

目前，将非法集资行为通过解释的方式被归结为变相吸收资金的行为，以非法吸收公众存款罪和集资诈骗罪进行规制的方式，存在着过度解释刑法和违反罪刑法定原则之嫌。非法吸收公众存款罪的法条表述本身也存在模糊性，通过正确适当的司法解释可以让法条的意思更加明确，可以在一定程度上限制对此罪名的滥用。互联网金融监管规则的建立和完善，使得此前非法集资行为认定标准中存在的不合理之处逐渐凸显出来。因此，笔者认为在当前金融监管规则下，刑法对非法集资行为的认定标准需要从以下三个方面进行完善。

1. 完善非法集资违法性构成的认定标准

以非法吸收公众存款罪为核心的规制方式，是刑法在相关法律规定修改完善时期的选择，但是并不代表刑法对于该罪名的适用就可以突破金融类犯罪中金融违法性的必要条件。

如果依照《取缔办法》中所禁止的非法吸收公众存款的行为来评价当前互联网金融平台进行集资的业务行为，则几乎可以将目前所有通过互联网金融平台进行集资的形式均视为非法吸收公众存款的行为。因为，通过互联网平台进行集资的优势，就是以通过互联网降低融资成本达到金融脱媒的效果，而网络信息的传播几乎都会构成当前标准中的"公开向不特定对象吸收资金"。如集资人通过网贷平台，承诺在一定时限内还本付息，并出具借款凭证，并且未向中国人民银行申请批准，就会构成中国人民银行所禁止的非法吸收公众存款行为。但这一认定与当前大力发展互联网金融，鼓励金融创新发展方向并不一致。而《取缔办法》本身并不符合金融监管以及市场经济发展的需要。如第四条还规定了未经批准不能进行发放贷款的内容。如果依据此规定，所有的民间借贷都要向中国人民银行申请显然并不具有合理性，同样所有集资行为都需要向中国人民银行申请批准也不合理。

从规范性文件的效力位阶上，《取缔办法》高于《私募众筹意见稿》和《网贷暂行办法》。但笔者认为，依据《立法法》第七十九条的规定，刑法的效力高于行政法规。刑法的解释并不一定必须完全死守当前的规范位阶对互联网金融下的集资行为进行判定。特别是在行政法规已经不适应当今金融创新的时代要求，以及互联网金融发展要求的情况下，刑法对集资行为的违法性判断更应当依照新制定的法律规定。我们可以合理预见互联网金融的发展必将要求对现有监管规则的更新。这些互联网金融规则也应当作为认定在互联网金融平台进行的集资行为是否属于非法集资的合理标准。

作为以违反金融管理秩序为前提的罪名，非法吸收公众存款或变相吸收存款，从根本上是为了惩治扰乱金融秩序的行为。而符合互联网金融发展方向的集资行为显然并不是扰乱金融秩序的行为，而是应当得到刑法保护和认可的行为。因此，笔者认为在涉及互联网金融的集资行为认定是否具有违法性时，应参考互联网金融的相关监管规定，而不应当使用已不符合时代发展需要的《取缔办法》等规范。通过对最近做出判决的案件调查发现，实践中已经有法官将非法集资行为的认定标准做出了调整。[①]但由于依然存在规定位阶上的冲突，在《取缔办法》未被废止的情况下，直接以《网贷暂行办法》中的规范作为裁判依据，并不符合当前现行有效司法解释的规定。因此，笔者认为，应当尽快废止《取缔办法》中与现行互联网金融规范相冲突的条款，并以现行互联网金融监管规定制定新的刑法解释，以适应当前刑法规制非法集资行为的需要。

2. 明确非法集资的回报必须具有财产性价值

《关于审理民间借贷案件适用法律若干问题的规定》将原本《取缔办法》对非法吸收公众存款所规定的性质上需与"还本付息"相同的吸收资金行为，规定为"承诺在一定期限内以货币、实物、股权等方式还本付息或者给付回报"。正因为司法解释将原本"还本付息"即可的吸收资金扩展到了"给付回报"即可，使得即使没有物质性回报也可以被评价为非法集资。金融领域内监管部门当前区分股权投资和贷款的重要标准，就是查看其是否具有保本的承诺或条款设置。可见，本息的保证是非法吸收公众存款的重要特征，而这一规定并不应当进行扩张。对于没有涉及本息和财产利益的都不能被视为符合刑法中非法集资的利诱性特征。

---

① 相关案件参考自海南省高级人民法院（2019）琼刑终126号刑事判决书；广东省深圳市福田区人民法院（2015）深福法刑初字第1176号判决书；山西省大同市中级人民法院（2020）晋02刑终215号刑事判决书。

3. 明确刑法认定公开性的标准

当前刑法认定非法集资行为是否具有公开性，经常存在通过证明公开宣传个人或企业的形象、公开宣传个人经历等情节作为认定依据。比如在张某集资诈骗、非法吸收公众存款案中，法院认为张某通过向他人宣传自己的投资途径、经济实力、高息回报等，为公众所知悉，这种口口相传符合公开性、社会性的特征。①实际上，非法集资中的公开宣传是指对集资信息本身的公开宣传，而不是对集资人的公开宣传。比如我国《证券法》第十条规定的采用广告、公开劝诱等形式，都是对发行证券而言，而不是特指发行人的信息。公司的日常经营中经常会出现进行企业宣传的情况，最典型的当属发布广告。如果企业发布广告，并宣传自己从事的业务或者其他企业信息就可以被认定是集资行为的一部分，那么恐怕大多数的公开发行证券的公司都会面临被认定为非法公开发行证券的指控。在个人生活的领域则更是如此，因为在人们日常交流的过程中经常会谈及自身情况等内容。按照上面的认定方式，只要在公开场合和人交流过自己所从事的工作，或者说过自己的生活近况都将被认定是公开宣传集资，那么任何存在集资行为的人，其日常交流都存在构成犯罪的风险。司法机关从认定集资行为是否符合公开宣传、劝诱，扩展到认定集资人的其他行为，这种认定方式显然不具有合理性。因此，刑法应当将公开宣传明确为"集资人通过公开方式宣传集资要求"，这种公开的认定只能限于集资项目本身，而不能随意扩张认定方式。

4. 刑法对社会性的认定需要更符合当前金融监管的认定方式

根据笔者调查的以非法吸收公众存款罪和集资诈骗罪定罪处罚的非法集资案件中，还存在着大量案件是以"口口相传"认定集资具有公开向不特定对象集资的属性。而这一认定理由通过2014年《非法集资适用意见》予以进一步认可。司法解释认为明知吸收资金的信息向社会公众扩散而予以放任等情形，是向不特定对象公开宣传的行为。导致这一现象

---

① 相关案件参考自吉林省四平市中级人民法院（2017）吉03刑初62号刑事判决书；浙江省温州市中级人民法院（2012）浙温刑初字第187号判决书。

发生的原因是我国刑法对是否属于向不特定对象集资的认定方式，与金融监管中的认定方式存在差异。

（1）不以集资人与投资人的关系作为认定犯罪的依据

集资犯罪中的犯罪分子与被害人的关系不应作为犯罪构成要素。在2010年发布的《非法集资解释》中，"亲友"成为认定"不特定对象"的排除因素。在2014年发布的《非法集资适用意见》中依然坚持此排除规则，并将规则如何适用进行细化。可见，集资人与投资人的关系是司法部门认定是否属于向不特定对象集资的重要依据。[①]但笔者认为，亲友这一概念本身具有很强的模糊性，并不具有用以区分的特定性。仅就亲属的证明而言似乎并不困难，可以通过户籍和血缘关系进行证明，而且证明结果较为稳定。但是如何证明朋友之间的关系却十分困难。如非法集资案件中较为著名的吴英案中，对于吴英而言，其发布融资信息的对象都是朋友。但是司法部门认定时认为，吴英只是和其中几个人吃过饭，经人介绍认识，并不是朋友关系。由此可见，司法机关将朋友关系作为判定向不特定对象集资的要素是存在缺陷的。

（2）引入合格投资者标准判断集资行为的社会性

我国司法机关当前认定非法集资行为公开与否，是以集资人与投资者间的直接关系来认定是否属于向特定对象集资。但当前我国金融监管并不全部采用这一标准，如公募基金与私募基金在区分时，引入"合格投资者"作为认定募资对象是否特定的标准。《私募众筹意见稿》将集资人通过众筹平台向合格投资者开展股权众筹集资的行为视为私募行为，而不是向公众募集资金的集资行为。对于合格投资者的范围则被规定为：属于《私募投资基金监督管理暂行办法》规定的合格投资者；投资单个融资项目的最低金额不低于100万元人民币的单位或个人；社会保障基金、企业年金等养老基金，慈善基金等社会公益基金，以及依法设立并在中国证券投资基金业协会备案的投资计划；净资产不低于1000万元

---

① 相关案件参考自吉林省长春市中级人民法院（2019）吉01刑终371号刑事判决书。

人民币的单位；金融资产不低于300万元人民币或最近三年个人年均收入不低于50万元人民币的个人。

可见，金融监管部门在认定集资行为是否具有特定性时，所采取的认定标准与我国刑法当前所采取的认定集资特定性的方式有很大不同。我国刑法对于非法集资是否具有特定性，主要是通过判断集资宣传是否公开以及募资对象是否特定。虽然从形式上都是在判定是否在向不特定对象集资，但二者采取的认定标准却不相同。

笔者认为通过亲友来确定或排除集资对象是否特定，这可能是司法解释者对于为何以"公开"和"不特定"作为证券公开发行要求的误解。之所以存在亲友和单位内部的集资不构成非法集资的结论，是由于司法实务部门在判断集资行为社会性的认定方式与监管部门认定方式存在差异。司法部门判断集资对象是否特定时，考察的是融资人和投资人之间是否存在一定社会关系，如朋友、亲属、领导等。但实际上认定金融行业中的集资对象的特定与否，并不是根据融资人与投资人的社会关系。我国金融行业的监管规则中对认定向不特定对象融资并没有明确说明。由于我国证券法的修改方向未来可能会向美国证券法规定不断靠近，笔者较为赞同美国最高法院在审理判定证券发行对象是否特定的SEC（美国证券交易委员会）诉Ralston Purina案中的观点。即判断融资人是否向不特定对象融资，应考虑融资人决定向哪些人发出融资信息的筛选方式，与融资目的之间是否具有合理的相关性。[1]判断某行为是否公开募集资金除了需要考量集资的方式，还需要对融资对象是否具有投资风险承担能力有关。[2]也就是说，如果融资人向所在城市的所有20岁的男性发出融资信息，此融资目的和采取以本市20岁男性作为筛选融资对象的方法实际并无合理的关联。无论是向本市21岁男性还是向22岁的女性，只要不

---

① 王荣芳：《合法私募与非法集资的界定标准》，《政法论坛》2014年第6期，第108页。

② 赵秉志、杨清慧：《涉私募基金非法集资犯罪司法治理研究》，《北京师范大学学报（社会科学版）》2017年第6期，第112页。

能说明这种区分标准具有融资目的，就可以认定为其是向不特定对象融资。也就是说，并不是因为本市20岁男性中存在着几个融资者的亲属和朋友，就可以将发出融资信息的行为视为向特定对象做出融资。

二、弱化非法集资认定标准中行为主体因素的影响

随着互联网金融的发展，大量新的集资主体进入人们的日常生活之中，如淘宝店商、微信微商等。但从刑法的层面来看，这些主体能否纳入刑法上"单位"的范畴，却存在可商榷之处。当前我国对规制非法集资行为主体是采取单位和个人双重标准的规制路径。《刑法》第三十条明确规定，单位可以作为刑事责任的承担者，并且设立不同的处罚方式，即构成犯罪时对单位和直接责任人并行处罚的双罚制处理方式。但实际上，随着互联网金融的发展，微商、淘宝电商以及大量的一人公司从事非法集资活动却不能被认定为"单位"。而目前以区分单位和个人作为不同主体因素来做出不同的入罪及量刑标准的方式，会在一定程度上使同种行为的处罚结果因主体不同而异化。

（一）行为主体因素对定罪量刑的不良影响

我国刑法对诈骗犯罪行为的规制通常是采用定性加定量的方式。无论是在普通诈骗罪、合同诈骗罪还是集资诈骗罪中，都既规定了其所需符合的行为特征，又规定了财产侵害数量的要素。这是由《刑法》第十三条对犯罪概念的规定决定的，其中对于数量的要求都采用了模糊性表述，如"数额较大""数额巨大"等。这就要求司法实务中，对于具体犯罪的定罪和量刑要存在一个参考标准，以减少不同司法部门在处理具体案件中案件结果的差异。由此最高人民检察院和公安部就制定了刑事案件立案追诉标准，而最高人民法院则对具体的案件定罪量刑给出了解释，如《关于公安机关管辖的刑事案件立案追诉标准的规定》《非法集资解释》等。但以犯罪实施的主体不同，而采取不同的定罪量刑的标准却存在以下问题。

1. 个人犯罪与单位犯罪难以明确区分

根据《网贷暂行办法》的规定，网贷平台集资者只能发布小额集资项目，而目前很多集资者包括个人微商、个人代购业务、淘宝店铺、

小型公司和其他个体商户。这些集资者在刑法上是否能将其认定为"单位"就存在争议。而当前认定单位犯罪的主要依据《金融会议纪要》中的相关规定，即以单位名义实施违法所得归单位所有的犯罪。但以单位名义实施和违法所得归单位所有并不能合理规制非法集资行为的单位犯罪问题。依据单位犯罪相关的法条和司法解释可知，目前司法实务中主要以犯罪行为是否为单位所实施，以及犯罪所得是否归单位来认定是否构成单位犯罪。虽然这两点是来自司法实践机关的经验性认定标准，但实际上并不能完全作为考量是否构成单位犯罪的规则要件。在大量非法集资案件中，即使按照这两点进行审查，也存在案件涉及单位犯罪而未被认定为单位犯罪的情况。

　　《金融会议纪要》对单位犯罪的认定做出了明确规定，因而实际上认定单位犯罪存在着两种认定模式或标准，一种就是该纪要中明确的"单位名义"加"违法所得归单位"认定方式；另一种就是"为了单位利益"加"单位集体决定或负责人决定"的认定方式。非法集资的实际案例中也有很多案件以第二种方式认定单位犯罪与否。[①]如"王某等集资诈骗、非法吸收公众存款案"[②]中，王某在经营房地产项目过程中，由于资金需求向社会公众进行融资，并以所吸收的资金进行项目开发。其融资方式有的是通过公司与投资人签订借款合同，有的是采取通过其设立创业投资公司签订理财协议。所设立的公司有的是其作为法定代表人，有的则是他的朋友、亲属等作为法定代表人，而王某实际控制公司。当辩护人提出本案是单位犯罪而非个人犯罪时，法院认为王某的集资行为并不是经过公司管理人员参与决策的结果，而是王某自己的决定，且所得款项实际支配人也是王某，资金大部分用于偿还本息，少量用于融资项目的经营，且公司创立目的是为集资，因而不认为是单位犯罪。在某些非法吸收公众存款犯罪中否定了单位犯罪的存在，但如果在认定自然

---

① 黎宏：《单位犯罪中单位意思的界定》，《法学》2013年第12期，第155页。

② 湖南省张家界市中级人民法院（2009）张中刑初字第20号判决书。

人共同犯罪的过程中不明确以自然人犯罪的法理去进行认定，就会导致部分共同犯罪的认定上可能显得不够准确。①从法院给出的上述意见中可以看出，法院在衡量是否构成单位犯罪时，是将"公司集体决定"作为判定单位犯罪成立的要素，并将所得款项使用方向作为单位犯罪与个人犯罪的区别因素。

（1）第一种认定方式的弊端

第一种认定方式中的"单位名义"，其认定方式直观，证明方式较为简单，一般情况下，通过融资合同中的签章就能证明。而"违法所得归单位"也同样比较具有直观的特性，实践中，通常从违法所得进入的是个人账户还是单位账户即可推定。可以看出第一种认定方式是通过结合司法实践工作经验，得出的较直观和简便的认定标准，比较容易被司法部门掌握。但在实际处理非法集资犯罪问题时仍存在以下两个问题。

第一，用"违法所得"来评价单位犯罪并不适当。以违法所得作为判定单位犯罪成立与否的前提是单位能通过犯罪获得违法所得。而当前刑法分则罪名中并不是所有犯罪都具有取得违法所得的情况。最典型的当然是一些非财产犯罪相关的罪名，如故意杀人罪、渎职罪等。即使是涉及财产权利的犯罪也不当然涉及违法所得，如故意毁坏财物罪等。虽然第一种认定单位犯罪的标准是在涉及金融案件会议上提出的，但是该标准并不具有普遍适用性。

根据《刑法》第六十四条的表述可知，我们可以将违法所得理解为通过实施违反法律的行为而获得的一切财物，但这其中对于被害人的合法财产与违法获得的利润并没有加以区别。笔者认为，刑法中所指的违法所得不应当包含被害人的合法财产。在实践中，违法所得最典型的获得方式是通过违法经营而获得利润。但并非所有的犯罪都存在违法所得，特别是破坏社会主义市场经济秩序的犯罪行为。不过有学者认为破

────────

① 肖怡、龚力：《"单位型"非法集资犯罪处罚中的若干问题》，《法律适用》2020年第22期，第144页。

坏社会主义市场经济秩序的犯罪行为都存在违法所得。①但在实际涉及非法集资行为的案件中，所募集的资金并不能简单地归为违法所得。因为集资本身并不一定产生利润。犯罪人所获得的资金是通过与被害人签订合同方式取得的，其中被害人的资金在犯罪人通过犯罪行为取得控制后，应当依法返还被害人，并不属于犯罪人所有。而通过资金运用获得的利润，则可以被视为非法所得，如通过网贷平台虚设交易，将募集的资金用于炒股票、期货所获得的利润即为违法所得。因此违法所得即使在规制涉及非法集资的金融犯罪时也并不是必然存在。

第二，所得用于单位能否被认为违法所得归单位所有的问题。在非法集资案件中存在着很多以单位名义签订集资合同的案件，也有以个人名义签订集资合同的案件，还有以个人和单位名义同时进行集资的案件。集资人是否具有非法占有目的则是区分非法吸收公众存款罪与集资诈骗罪的关键。除用于个人挥霍等能认定具有非法占有目的被认定为集资诈骗罪外，还大量存在着集资本身为了单位经营或还债等情况。在以单位名义集资但资金归集账户为个人，且所得资金用于单位还债和经营的案件中，能否认定为单位犯罪就存在问题。如果仅从形式上认为所得财物未由单位实际控制而是归个人所有，对于个人帮单位进行还债是获得犯罪资金后的处分行为，则不能将此次集资归为单位犯罪。实践中单位在集资的过程中很多方式并不完全符合刑法规定的模式，如很多案件中单位开展的集资都是以法定代表人、公司大股东或公司实际控制人的名义进行资金筹集，所获资金也直接用于偿还公司债务，集资所订立的合同是公司的签章，而归集资金的账户又是个人。从实质意义上对于集资款项是可以视为单位实际控制的，且资金也确实用于单位。

（2）第二种认定方式的弊端

将犯罪目的和意思决定发出两个要素作为认定单位犯罪的方式在司法实践中被采纳，是由于单位犯罪的认定在实践中通常存在着单位与个

---

① 黎宏：《单位犯罪中单位意思的界定》，《法学》2013年第12期，第154页。

人利益冲突以及领导的命令代表单位意思的情况。特别是在非法集资案件中，很多集资单位是2人组成的有限责任公司（如1个股东占99%份额，另1个股东占1%的份额）。由于前者在公司控制和决策等方面具有绝对的控制权，且公司又不设立董事会等治理机构，使得个人名义与公司名义在集资中没有显著的区分。笔者认为，可以从利益获得者和决定做出者两个要素考虑单位犯罪认定的问题。这一做法有利于区分在实践中很多以单位名义进行集资所得资金又归个人的情况，但这一认定方式也存在两个问题。

第一，在如上文中举例的2人公司中，如何准确区分单位决定和个人决定，司法机关在实践中证明起来并不容易。因为公司的经营和管理主要就是由大股东决定的，单位意思和占绝对地位的大股东的意思并不容易进行区分和证明。特别是在《金融会议纪要》中对于单位的分支机构或者内设机构、部门实施犯罪行为亦可以作为单位犯罪进行认定，进一步加大了"单位集体决定"可认定的范围。将部门负责人决定也视为一种单位决定实际上并不符合《公司法》等基础法律对于法人财产和法人人格相关的规定。作为一个不具有独立人格的组织，刑法要让这样的组织也具备承担刑事责任的能力，从逻辑上便存在问题。即使刑法要对此组织进行人格上的拟制，也要进行充分证明，并且应由立法进行拟制，而不是由司法进行解释。

第二，以犯罪目的区分个人犯罪和单位犯罪并不妥当。在大量的实践案件中，个人的利益和单位的利益并不能完全区分开。如非法吸收公众存款案件中，业务员以借款的形式招揽投资、收取投资人资金的行为。从个人利益的角度来看，业务员招揽投资是为了完成工作量，赚取个人提成；从单位利益的角度来看，业务员招揽投资是为了使单位能够继续维持资金运转。个人利益（赚取提成）与单位利益（资金运转）是捆绑在一起的，如果单位资金链断裂，员工也无法分得提成；如果单位不实现员工利益，也无法获得员工招揽的资金。可见犯罪目的并不具有判断单位犯罪成立的功能。

2. 主体因素影响定罪量刑有违刑法的基本原则

法律面前人人平等是我国宪法确立的社会主义法治的基本原则。按照《非法集资解释》和《最高人民检察院、公安部关于公安机关管辖的刑事案件立案追诉标准的规定（二）》（公通字〔2010〕23号）中关于非法吸收公众存款罪追究刑事责任的标准，个人数额标准为20万元以上或对象为30人以上或直接经济损失10万元以上，单位数额标准为100万元以上或对象为150人以上或直接经济损失50万元以上。构成集资诈骗罪时，个人的数额标准为10万元以上，而单位的数额标准为50万元以上。在涉及非法经营罪的量刑中更是设置了许多要素，将从事不同业务的经营行为分类，并分别规定了个人与单位不同的追诉标准。甚至连刑法条文中作为兜底性条款的"从事其他非法经营活动"也在解释后设置了不同的追诉标准，如个人非法经营数额在15万元以上、单位50万元以上的和个人违法所得数额5万元以上、单位15万元以上。在非法集资行为进入量刑阶段时，当前规制方式也对不同主体进行了不同的量刑设置。依据《非法集资解释》中关于非法吸收公众存款罪量刑标准，个人集资行为被认定为"数额巨大或者有其他严重情节"的标准为集资数额100万元人民币以上，或集资对象达到100人以上，或集资造成直接经济损失50万元人民币以上；单位集资行为的标准为集资数额500万元人民币以上，或集资对象达到500人以上，或集资造成直接经济损失250万元人民币以上。涉及集资诈骗罪时，个人涉集资诈骗罪可被认定为"数额巨大"的标准为集资数额30万元人民币以上，而单位的集资标准为150万元人民币以上。个人集资"数额特别巨大"的标准为100万元人民币以上，单位集资数额的标准则为500万元人民币以上。从以上司法解释可以发现，同一性质的犯罪行为，以单位犯罪定罪处罚和以自然人定罪处罚所得的结论是不同的。但这样的处理方式违反了刑法所要求的平等原则和罪责刑相适应原则。

刑法典作为惩罚犯罪、保护人民的基本法律，更应当贯彻这一原则。《刑法》第四条规定，对任何人犯罪，在适用法律上一律平等。不允许任何人有超越法律的特权。刑法典中的"人"并不仅指自然人，当然也包括单位。因此，依据刑法的平等原则，对单位和个人犯罪行为进行刑法评价时不能因为主体不同而设置不同的定罪量刑标准。在目前实践中涉及非法吸收公众存款相关罪名的刑事案件辩护中，大多数的辩护意见主要围绕着主观上是否具有非法占有目的、有无自首情节以及是否能构成单位犯罪而展开。相对于法定减轻情节的自首，单位犯罪是否成立作为辩护意见就显得与另两个辩护意见格格不入。因为从单位犯罪的规制目的来看，单位犯罪构成与否并不影响个人犯罪行为的定罪量刑，除非涉及共同犯罪的主从关系等。实践中，从事集资的行为人、公司的直接负责人以及公司的法定代表人经常是同一个人，因此共犯关系并没有什么实际辩护意义。但单位犯罪的构成与否对被告人而言影响颇大，比如被告人甲以非法吸收公众存款罪被检察机关提起公诉。甲案中涉及吸收存款的数额为100万元人民币，如果以个人犯罪进行定罪量刑，则甲的量刑区间在3年以上10年以下有期徒刑；如果以单位犯罪进行量刑，则甲的量刑区间在3年以下有期徒刑。但从刑期上，这两种判定路径的结论就有很大的差异。再考虑甲按单位犯罪可以适用缓刑，则会显得差异更加明显。由于单位和个人所犯非法集资数额相同的犯罪时，采取单位高于个人的裁量标准使得很多案件中辩护人选择以单位犯罪来辩护，从而减轻被告人刑期。但这样的结果和设置单位犯罪处罚的立法目的以及刑法的平等原则是相悖的。

罪责刑相适应原则是我国刑法的基本原则之一，《刑法》第五条规定，刑罚的轻重，应当与犯罪分子所犯罪行和承担的刑事责任相适应。根据这一原则，犯罪分子以其所实施的犯罪行为承担相应的刑事责任，而不因为主体不同就承担不同的刑事责任。从法益侵害角度上来说，如果单位与个人犯罪同样采取非法吸收公众存款的方式非法集资30万元人民币的行为，所侵害的法益都是金融管理秩序，没有理由认为单位所侵害的法益与个人所侵害的法益存在程度上的不同。从规范违反的角度来看，单位与个人采取手段造成同样结果的犯罪行为，二者所违反的法秩序是相同的，程度上也并不存在单位违法的程度低于个人的情况。因此，主体因素的刑法考量也不应违背刑法罪责刑相适应原则。

（二）行为主体因素在规制非法集资犯罪中的作用方式

目前，在理论上对于单位犯罪成立的标准存在着各种不同的见解，在实务中也存在不同的认定标准。非法集资行为是否构成单位犯罪日渐被学者们关注，其根源主要是单位犯罪与个人犯罪定罪量刑标准不同，所得出的处理结果差异较大。为了使刑法规制非法集资行为的方式符合刑法的平等原则和罪责刑相适应原则，行为主体因素的作用方式必须做出调整。

1.应谨慎认定单位犯罪

由于大多数非法吸收公众存款行为借由公司名义所实施，并不以个人集合作为常见形式，导致单位架构在事实上对自然人犯罪的责任划分形成了入侵，在公司中任职的大小与职位高低往往直接等同于行为人在自然人犯罪中的作用大小，这使得部分共同犯罪责任的划分不够标准。[①]参考我国刑事立法可以发现，刑法典并没有对单位犯罪进行罪名的限制，对未明确规定可构成单位犯罪的分则罪名也存在适用单位犯罪的可能。由于我国单位犯罪的认定标准并不统一，无论是采取任何一种进行规制都存在一定的欠缺。因此在不明确单位犯罪何时构成的情况下，轻易按单位犯罪进行刑事处罚会导致打击犯罪效果的减弱。所以，统一当前司法实务中认定单位犯罪的标准是十分必要的。在融资领域中，对于融资人发起融资的名义是个人还是公司直接影响其融资能力。因此，投资合同是以个人名义还是以公司的名义签订应当作为衡量是否构成单位犯罪的重要因素之一。单位实施犯罪行为也需要意思决定的，因此单位犯罪意思决定应当是成立单位犯罪的衡量因素之一。在论证行为人是否构成犯罪时，需要证明单位是否存在故意或过失，不能绕过对行为人主观方面的证明，而仅从客观资金的去向认定行为是否构成单位犯罪。因此，对于犯罪动机和具体犯罪所得的处理都不能作为认定单位犯罪的主要因素，只能作为酌定情节在认定单位犯罪后予以考虑。

---

① 肖怡、龚力：《"单位型"非法集资犯罪处罚中的若干问题》，《法律适用》2020年第22期，第145页。

单位犯罪承担责任的方式存在一定的逻辑问题。作为单位犯罪直接责任人员的自然人之所以对单位犯罪承担刑事责任，并不是因为自然人本身实施了犯罪，而是因为单位犯罪的意志和行为是通过自然人的意志和行为体现的，由于自然人与单位犯罪的这种联系，就使得自然人要对单位犯罪承担刑事责任。单位作为一个抽象拟制出的概念并没有实体，也不能实施具体的犯罪行为，那么单位也不应当拥有独立的刑事责任，所有的刑事责任理应由单位中的自然人全部承担。但从刑事政策及法律情感角度分析，全部由自然人承担刑事责任并非最佳的评价结果，由法人承担一部分责任更能使刑罚的效益最大化。这种解释遇到的最大理论障碍就是罪责自负原则。罪责自负原则不允许对刑事责任进行分担。但是，传统的刑法理论是在规范自然人行为的基础上建立起来的，刑法如果要规范单位的行为，就必须对传统刑法理论有所突破。相比之下，单位替代责任理论恐怕是对传统刑法理论冲击最小的理论。如果刑法理论接受了这种突破，那么需要探讨的问题就从能不能替代转化为为什么需要替代。从刑事责任的特征来看，单位只能替代单位成员刑事责任中的财产刑部分，一般是指替代罚金。①但是实际上如何处罚单位犯罪并没有一个十分有效的方式。对于法律拟制出的人格进行刑事处罚，虽然得到了立法上的认可，但实际上追究单位刑事责任的方式十分有限，更多是通过罚金刑的形式进行。而实践中，大量涉及非法集资的案件存在公司资金链断裂无法支付到期债务的情况，如果确实资不抵债申请破产进行破产清算，且单位主体是承担有限责任的公司，那么刑事罚金实际并没有多少可以最终得到执行。以规范自然人行为为基础发展起来的刑法，对犯罪行为形成了严格的人身专属性理念。任何犯罪行为都必须专属于实施该行为的自然人，犯罪行为所引起的法律效果只与实施该行为的自然人有关，犯罪行为与实施该行为的自然人是不可分离的。这种理念已成为刑法中的一项基本原则，也就是罪责自负原则。单位是拟制的刑事

---

① 董玉庭：《论单位实施非单位犯罪问题》，《环球法律评论》2006年第6期，第703页。

主体，并不具有可被惩戒的主观心态，对于代表单位或承载单位意思的自然人的刑事惩罚也不能完全实现代替单位承担刑事惩戒的效果。因此，如果要实现刑法对于单位犯罪处罚的有效性，则必须对单位犯罪设置有效的刑事处断措施，以突显刑法的实效。

独立的人格是法律上承担独立责任的基础条件之一，其中以有限公司为典型代表。在互联网金融不断发展的今天，通过网贷平台进行募资的公司逐渐增多，可能构成集资诈骗罪的案件也在增多。那么对于实践中一人公司等能否视为单位犯罪主体也将纳入研究的视野中。由于目前我国单位犯罪采取单位与个人的双重考量标准，使得一人公司与个人在定罪量刑时可能存在不同结果。有的学者认为，我国目前单位犯罪的责任承担方式是承袭自民法中的公司人格否定制度。[①]虽然当前立法和司法都承认单位犯罪的存在，但从刑法规制犯罪的根本点是规制自然人的行为规范来看，而不能作用于法律所拟制的主体。在民商事法律关系中，法人之所以被拟制成为与自然人享有同等地位的个体，更多是为了社会的发展需要。法人制度的最大意义就在于人格和财产的独立性。通过承认法人具有独立的人格性，从而将出资人的财产分离为法人的财产，通过设立公司制度（英美法系国家也称之为"公司面纱"），法人人格与股东个人人格分割开，各自以其财产承担责任。法人以其独立所有的财产承担有限责任是法人人格存在的最重要的意义。然而，如今并不是所有的单位都像有限责任公司一样享有独立的人格，而且法人的独立人格也并不是绝对存在的。公司人格否认制度也是围绕着股东与公司是否需要连带承担责任的问题制定的。对于公司股东滥用公司法人独立地位和股东有限责任的行为，通常通过否认公司的人格独立性的方式，来防止其利用公司制度逃避债务，以维护债权人利益。从英美法系国家实行公司人格否认或"刺破公司面纱"的初衷是保护债权人利益的出发点来看，公司的人格独立制度并不是绝对且一成不变的，它只是在人们为了社会发

---

① 肖怡、龚力：《"单位型"非法集资犯罪处罚中的若干问题》，《法律适用》2020年第22期，第143页。

展的需要，为承担有限责任和构成交易等方面所建立的一个处理问题的规则。司法解释实际上也存在着类似的人格否认，如《最高人民法院关于审理单位犯罪案件具体应用法律有关问题的解释》第二条认为，以犯罪为目的设立公司，并以犯罪为主要活动的公司不以单位犯罪定罪处罚。

虽然有的学者也认为单位犯罪中涉及的单位必须是公司、企业、事业单位、机关、团体。①但在《金融会议纪要》中将内设机构也认定为可以构成单位犯罪后，把本不具有法人人格的组织也纳入可以构成单位犯罪的主体，这将进一步扩大"单位"这一概念在刑法上的范围。但《金融会议纪要》否定实务中出现不以分支机构或内设机构等不具有独立人格的组织定为单位犯罪的理由，也仅仅是由于其没有可供执行罚金的财产，而不是否定分支机构或内部组织在刑法上具有刑事责任主体资格，使得主体问题在司法适用中出现了大量的不确定性。将不具有独立人格的组织形式视为单位犯罪的主体，也不符合公司法等其他法律对于人格性的认知。因此，应当明确将单位犯罪的适用限定在具有独立人格性的范围内，而不应该将单位的认定范围进行进一步扩展。

2. 取消单位与个人的不同定罪量刑标准

依照社会契约论的基本构架，人的自由与平等作为出发点是该假设的前提和基础。自李斯特提出刑法"既是善良人的大宪章，又是被告人权利的大宪章"以来，面对公诉机关指控的被告人有了平等适用刑法的权利。《刑法》第四条明确规定，对任何人犯罪，在适用法律上一律平等。不允许任何人有超越法律的特权。但个人与单位的不同定罪量刑标准使得单位在定罪量刑上成为一个享有特权的"人"。在单位与个人定罪量刑存在差别时，如果仅是为了减少认定单位犯罪案件的数量，那么这一理由就不满足刑法所要求的普遍正义。在入罪层面，未采取单位形式进行数额20万元的非法吸收公众存款行为即可入罪，而通过单位集资的则达到100万元才需被追究刑事责任。在量刑方面，个人非法吸收公众存款100万元就被视为"数额巨大"，而单位却需要达到500万元才构成

———————————
① 张明楷：《刑法学》（第五版），法律出版社2016年版，第138页。

"数额巨大"。这些制度设计无疑在向民众宣布，认定的单位犯罪可以减刑轻判，这也是当前辩护人将单位犯罪构成与否作为核心辩护主张的重要原因。当前急需废除个人与单位定罪量刑的双重标准，有以下两点原因。

（1）单位与个人的双重标准违反平等原则。贝卡里亚曾在讨论刑法的平等性时认为，法是"所有臣民都平等地依存于它，任何名誉和财产上的差别想要成为合理的，就得把这种基于法律的先天平等作为前提"①。单位犯罪与自然人犯罪定罪量刑不平等不是立法导致的，也不是立法者的本意，而是在刑法实务中所采取的不同标准所造成的。可见，刑法平等原则的实现并不是仅依靠法律条文的规定，还要依靠刑法在实施过程中的每个环节的贯彻实施。

（2）双重标准并不能实现除罪化效果。《非法集资解释》的起草者中对于是否需采取区分标准进行规制的意见并不统一。主张区别对待的学者认为，将个人与单位进行定罪量刑标准区分，是刑法谦抑性的要求和体现，将单位的行为标准抬高，有利于一部分犯罪行为的除罪化，防止犯罪行为认定的扩大化，也是确保刑法实质平等的体现。即使将此部分行为除罪化，对于实施具体犯罪行为的个人依然可以追究其个人的刑事责任，这也符合最高人民法院《关于审理单位犯罪案件具体应用法律有关问题的解释》的相关规定。反对区别标准化的学者则坚持，在司法实践中个人犯罪与单位犯罪很难进行区分，同时也不能体现刑法的平等性。②在实践中，单位犯罪不成立时，依然可以追究个人的刑事责任，并不会因为不构成单位犯罪而不再追究个人的刑事责任。特别是各种规则的出现，单位犯罪中很多形式都被视为个人犯罪并追究刑事责任。为了避免一些人利用刑法处罚单位犯罪较轻的特点，1999年，最高人民法院发布了《关于审理单位犯罪案件具体应用法律有关问题的解释》。该司法

---

①　[意]切萨雷·贝卡里亚：《论犯罪与刑罚》，黄风译，北京大学出版社2014年版，第60页。

②　刘为波：《〈关于审理非法集资刑事案件具体应用法律若干问题的解释〉的理解与适用》，《人民司法》2011年第5期，第27页。

解释第二条规定："个人为进行违法犯罪活动而设立的公司、企业、事业单位实施犯罪的，或者公司、企业、事业单位设立后，以实施犯罪为主要活动的，不以单位犯罪论处。"不过实践中对这一条司法解释中的"以实施犯罪为主要活动的"也存在不同认识，我们不妨通过孙大午案来分析这一司法解释的合理性。[①]在孙大午通过集资维系公司运转后，公司的生产所带来的利润不足以支付由此产生的利息，他就要再进行借款以"旧债代替新债"的方式延长还款的期限。银行对到期不能还款的借款人，也经常以"贷款展期"的方式处理贷款。不过司法机关认为这种资金腾挪的运转方式不属于合法经营。从司法解释中"生产经营活动与筹集资金规模明显不成比例"的相关表述可以看出，司法解释者对此行为更关心的是能否认定具有非法占有目的，而不是单位犯罪的构成。而通过司法解释所构筑的非法集资案件单位犯罪的双标准，并没有达到预期的出罪效果，反而使刑法适用失去了平等性。

三、调整财产损失在非法集资行为认定标准中的作用方式

互联网金融领域的非法集资行为造成的财产损失，不再是传统非法集资行为那样直观化，而是可以隐蔽在互联网金融的复杂交易过程中的，如通过虚假交易骗取沉淀资金孳息，又如设立资金池获取利差。因此，笔者认为有必要调整财产损失在非法集资行为认定标准中的作用方式，以适应刑法规制互联网金融领域的非法集资行为的需要。

（一）财产损失是规制财产犯罪的核心要素

诈骗罪的基本构成是犯罪人进行欺骗，通过欺骗行为使对方陷入认知错误或维持错误认知，并让对方由于此认知交付财产，最后行为人或第三人取得财产导致对方财产损失。根据我国当前物权变动采取的债权

---

① 案件资料参考河南省高级人民法院网：《民营企业家孙大午被从轻发落罚金10万缓期四年》，http://www.hncourt.gov.cn/public/detail.php?id=19388；腾讯网：《河北企业家孙大午涉案被警方通报，曾因非法集资获刑》，https://xw.qq.com/cmsid/20201111A0E0I900；人民法院网：《孙大午为什么会犯罪？》，https://www.chinacourt.org/article/detail/2003/11/id/89605.shtml，最后访问时间：2021年3月13日。

形式主义，即要求物权变动需要债权合意加登记或交付。在非法集资的诈骗犯罪中，集资人通过欺骗或误导使投资人相信与之签订合同可获得回报，并交付货币等财产。但在涉及非法集资的诈骗罪中，集资人与投资人并未存在真实的债权合意，这使得集资人并不当然享有投资人所交付货币的所有权。

签订合同本身并不能侵害财产权，诈骗罪否定的并不是以欺骗方式签订投融资合同的行为，而是针对以欺骗方式获得他人财产并使其财产陷入损失或不可恢复危险的行为。在实务中，通常采取的办法是将取得被骗款项数额变为案发前实际无法归还的数额，也就是将移转交付的货币数额视为财产损失的数额。由此可见，我国刑法虽未明确规定财产损失是构成诈骗罪的构成要件，但实务中却将损失作为犯罪成立与否的因素之一。

（二）明确刑法中的财产损失范围

1.刑法对非法集资的财产损失的判定规则独立于民法

财产是否受到切实的侵害，是认定是否构成诈骗罪等侵犯财产犯罪的核心问题。而财产损失无疑是对财产侵害的最直观体现。财产损失的合理确定需要一个确切的标准。财产损失在刑法与民法规则设置中并不是完全重合的，如民法规定中不仅包括物权的侵害，还存在着预期利益损失和信赖利益损失等。刑法中认定财产损失虽然参照民法的规定，但并不代表刑法在认定数额时完全应当与民法认定数额相一致。刑法对于财产损失多少的认定，主要围绕着财产最终恢复的状况来认定。这种计算方式对于评价犯罪并不完全符合事实，对被害人而言也缺乏公平性。民法与刑法设立法律规则的目的和任务的不同，也使得两者在涉及财产损失方面也应当存在一定差异，究其原因主要概括为以下三点。

（1）刑法与民法的独立性。刑法涉及的财产关系和财产归属，不能完全抛开民法的相关规定，如关于物权归属和变动的规定等。但并不能因为刑法也涉及判断财产权利，就完全按照民法的相关规定，将民法上一切关于财产的相关制度都照搬到刑法中。

（2）刑法与民法保护财产的方式不同。刑法通过将部分侵害财产的行为规定为犯罪并对犯罪人判处刑罚，使民众遵守刑法规范，从而实现对公民财产权利的保护。刑法设置刑罚的目的是维系一种法律秩序，其中包含对财产的静态归属与动态流转合法秩序的维护，但并不直接调整财产关系。因犯罪侵害而受到财产损失的被害人，不能仅依据刑法主张其获得财产赔偿的权利。如一个人因为诈骗而失去了一辆汽车，刑法只能将诈骗汽车的行为规定为犯罪，对犯诈骗罪的犯罪行为人处以刑罚，但并不对被害人的财产赔偿具体数额做出评价。刑法保护财产权的方式是通过设置规范，再通过执行刑罚指引民众守法而间接实现的保护财产权利。因为刑法是对于已经发生的财产犯罪行为进行规制，这一逻辑的前提是财产已受到侵害。而刑罚本身并不能消除已发生的犯罪行为所造成的侵害。

（3）刑法从根本上是为了维护宪法。《刑法》第一条就明确规定，"为了惩罚犯罪，保护人民，根据宪法，结合我国同犯罪作斗争的具体经验及实际情况，制定本法。"宪法是刑法的依据而非其他部门法。从法律位阶上，宪法是刑法和民法的根本法，而刑法和民法同属一个位阶之上，并不存在刑法高于民法的情况。宪法规定了公民的合法财产不受侵害，因此刑法规定了相关的财产犯罪，并对于侵害公民财产的犯罪行为进行刑事处罚，并不是因为民法上债权债务关系无法实现而进行处罚。

2. 财产损失的考量是静态的物权损失

刑法关于诈骗罪中财产损失的认定方式是采取以犯罪行为发生时为限评价财产损失的。这一计算方式基本上以《民法典》第一千一百八十四条内容建立起来的。当诈骗行为发生后，犯罪分子当然承担返还所侵害财产的义务。对于不能返还的部分即为财产损失。根据《民法典》第一千一百八十四条规定，侵害他人财产的，财产损失按照损失发生时的市场价格或者其他合理方式计算。作为侵害他人财产的犯罪，财产的价值以犯罪行为发生时计算。这也就推导出刑法所采取的是相对静止的评价财产损失的方式。

（1）静态的财产损失的数额认定

《非法集资解释》指出，刑法关于财产损失的认定主要以财产的恢复程度为标准。根据此司法解释对于财产损失的规定可知，诈骗罪的财产损失数额是案发前①无法归还的数额。如甲通过网贷平台骗取了50人20万元资金，并承诺1年还清本息，月利率3%。最终甲案发前只还款1万元。根据司法解释的计算方式，甲最终的诈骗数额是19万元。由此可见，刑法在计算犯罪行为所侵害的财产价值时，对财产的价值计算是采取静止的认定模式，即以被害人财产被侵害的时间点为基准，并不随时间的推移做出变化。犯罪人对财产的侵害也是静止不变的，即犯罪人仅对取得财产时的数额负责，只要之后使财产恢复到侵害时的数量就不存在财产损失。

（2）以物权归属认定财产损失

关于财产损失的讨论，目前学者们都热衷于关注财产原属所有人的问题。如有学者在举例分析中认为，在甲骗回了乙此前盗窃甲的电脑时，甲不构成诈骗罪。因为乙虽然遭受了经济损失，但其对该手提电脑并不享有所有权；由于其权利没有受到侵害，故甲的行为不构成诈骗罪。乙虽然占有了甲所有的电脑，但这种占有不能与甲对电脑的所有权相对抗。所以相对于甲行使权利的行为而言，乙对该电脑的占有不是刑法所要保护的法益。②这一观点实际上并不符合法律规则的基本设计，一方面如乙通过盗窃手段取得了甲的电脑，而甲依据民法相关规定可以通过诉讼要求乙返还该电脑，如果乙败诉，则需承担向甲返还电脑的义务。这也是在出现第三人丙盗窃走此电脑后，乙却仍需承担对甲的赔偿义务的原因。另一方面，甲骗取他人非法占有之物只能是基于自救行为等拥有违法阻却事由的时候，才不被认为是构成诈骗罪。因为甲的行为

---

① "案发前"这一表述实际上不是刑法的概念，而是司法实际工作中侦查机关在立案侦查前后的一种习惯性称呼。虽然在司法解释中出现，对于司法系统内部的人员并不存在无法理解的问题，但对于一般人而言，则需要规范化表述为法律条文的词语。

② 张明楷：《论诈骗罪中的财产损失》，《中国法学》2005年第5期，第126页。

完全符合刑法所禁止的取得财产的行为的犯罪构成。①

上述以电脑为特定物的财产犯罪中，其财产原权利归属比较清晰，进而以物权归属认定是否造成了乙的财产损失。在非法集资案件中，涉及的大多是以货币为对象的财产犯罪，而货币具有种类物的属性，通过上述方式并不能很容易地从乙的财产中确切区分出原属于甲的那一部分货币，也就不能确切地认为甲骗回的是自己当初支付的那一部分货币。因此，在非法集资的案件中，投资人当得知自己被骗后，再骗取集资人钱款时，也会构成刑法所禁止的侵害财产犯罪的构成要件。因此，当犯罪对象为货币时，并不能因为从总量上认定没有财产的增减而认为其不构成犯罪。

3. 当前刑法评价的财产损失不等于被害人的真实损失

由于刑法是对已发生的行为进行事后的评价，那么就不能对财产价值的波动进行确定。如2010年甲骗取乙的一套市场价格为40万元的房屋，承诺支付报酬为50万元，后丙通过善意取得获得此套房屋的所有权又再次转卖。如果甲于2015年被捕，此时该套房屋市场价格已经增至60万元，对甲侵害财产行为的财产损失认定，目前只能以当时财产的40万元价值认定。但对于被害人而言，由于其房屋已经无法实现通过原物返还的方式实现其权利，如果想在此处购得同等条件的房屋则要支付60万元或更多。虽然根据《民法典》第一百七十九条列举的承担民事责任的方式包括返还财产和赔偿损失，但被害人如果能得到该房产，则相当于可以获得60万元，但是主张赔偿损失则只能获得40万元的侵权赔偿。而究竟如何

① 1913年12月23日，日本在以骗取方式取得财产的案件中已提出了具体的细则。如果认为通过诈骗方式取得自己财产的行为没有超出自己应取得的财产范围，则不被视为构成诈骗罪。如果取得的是不可分的财产，仅对超出的财产价值承担犯罪责任。但如果并不是基于合法权利来源的主张而取得财产，则也可以被视为犯罪，如权利人甲享有对乙的到期债权，但其骗取乙的财产并不是为了实现该债权，则可以被视为是对乙合法财产的侵害。具体可参见张明楷：《论诈骗罪中的财产损失》，《中国法学》2005年第5期，第127页。

确认这种财产价值发生变化的损害赔偿数额，民法学者对此意见也并不统一。①在非法集资案件中，被害人交付的是固定数量的货币，而货币本身的市场价格除了在外汇市场能够被直观认知以外，是被视为基本保持不变的。不过通过订立融资合同交付货币后，对于被害人损失的预期利益和信赖利益却因合同而受到保护。尽管货币实际支付能力并非维持不变的，而是受通货膨胀和货币超发等因素影响，但刑法并不对之加以区别。不论民法学者的意见如何，民法上目前依然没有改变认定方式，但这并不代表刑法也不能将计算财产损失的方式进行调整，也并不意味着刑法可以将财产损失直接按较高的计算，因为甲所实施的犯罪在2010年就已经实施完毕，即构成诈骗罪（既遂）。司法机关在判断财产损失时不能根据财产的市场价格浮动，判断犯罪行为的侵害结果。

4. 谨慎对待债权损失

对被害人财产价值总额进行整体化衡量，并不要求对被害人所拥有的全部财产进行查明、估价、累加以计算其财产总额，这样显然难度大、负担重且耗时长。因此，实践中常针对财产处分行为前后被害人财产价值的变量进行客观经济衡量。②有坚持法益论的学者提出将财产损失的范围进行扩张，将财产犯的客体扩展到除了财产所有权以外其他"本权"，包括合法占有财物的权利以及债权。刑法中所指的诈骗犯罪侵害的不仅是财物还包括财产性利益，并认为不将财产性利益纳入刑法之中有失公平。③但该学者提出的免除1万元债务，与骗得1万元现金的财产损失进行等同的观点并不妥当。并不能简单将所有与财产有关的债权，都

① 对于此问题很多民法学者都进行了讨论，主要倾向于以诉讼纠纷发生时价格为准。也有学者认为如果诉讼时财产价值上涨，以上涨的价格为准，如果诉讼时价格已低于被侵害时的价格，则以侵害时的为准。徐银波：《论计算财产损失的基准时间——对〈侵权责任法〉第19条的反思》，《北方法学》2015年第1期，第77页。

② 杜宇、温倩文：《论诈骗罪中财产损失的认定规则及其位阶关系》，《政治与法律》2020年第9期，第40页。

③ 张明楷：《财产性利益是诈骗罪的对象》，《法律科学》2005年第3期，第72页。

视为诈骗行为侵害的对象，计入财产损失中。

侵犯财产罪的客体通常是以被害人的角度进行阐述，"免除债务"就是基于犯罪人的角度进行描述所使用的概念。"犯罪人通过欺骗方式免除自身债务"的表述与刑事惯用逻辑的表述存在差异。犯罪人就是债务人，债务并不是此时犯罪人所要侵害的对象。从被害人角度而言，应当将此行为表述为通过欺骗方式使被害人放弃对犯罪人享有的1万元债权，这也符合诈骗罪表述的基本逻辑。通过梳理我们可以看出，以债务免除方式获得利益，实际是对债权侵害的另一个角度的体现。那么，刑法将债权纳入诈骗罪的财产损失是否合理，却还需进一步讨论。

（1）将债权纳入财产损失，可能存在对同一损害的双重评价。如果集资人以非法占有目的，通过欺诈方式签订投资合同并收取了投资人的货币，从物权层面评价，侵害了投资人对支付货币的所有权。从被害人角度评价，投资人从权利总量上失去了物权而获得债权。由于此类行为是以非法占有目的而进行的诈骗行为，对合同所约定的投资回报并不能实现。此时犯罪人实际上只实施了一个诈骗行为，侵害了被害人的物权，同时也侵害了被害人的债权。此时，如果认为刑法既评价犯罪行为对物权的侵害，又评价犯罪行为对债权的侵害，司法机关在计算财产损失时则会存在同一行为的损害重复评价。

（2）债权与物权的损害大小通常并不相同。从债权的层面来看，投资人可以以所签订的投资合同要求集资人履行合同义务，或者要求赔偿损失。损失范围既包括原合同利益，同时也可以包含预期利益和违约金等。投资人在形式上通过让渡一部分资金的物权为代价，获得了集资人支付预期回报的债权。但是，通过当前刑法所保护财产的范围分析，对于债权主张并不在刑法的保护范围之内，并且此处物权与债权之间的主张可能存在着民事责任竞合的问题。从物权的侵害层面评价，依据无论是以物权法主张返还原物，还是侵权行为法主张对物权侵害行为追责，计算的数额都是以财物本身作为价值计算标准，并不考虑财产转让的合同问题，也不包括合同中的预期利益或产生的信赖利益。

（3）以欺骗方式免除债务并不能保证使债权消灭。债权是一种要求债务人给付的权利。对于债务人是否实际上履行给付义务并不确定。也就是说，从债权产生本身就存在着无法实现的可能。因此，债权实际上是一种法律上的期待。在集资行为中，投资人所享有的债权并不因为集资人没有按时履行合同义务而消灭。行为人通过诈骗行为取得财物，再欺骗其放弃债权的情形中，债权人可以依据《民法典》第一百四十八条规定，主张以欺诈方式使被害人做出债权放弃或债务免除，是一种可撤销法律行为。债权人实际并未因受欺诈而做出放弃债权的意思。

　　基于以上三点理由，对于债权纳入诈骗罪财产损失计算范围的问题，不能简单将刑法中财产损失直接扩大解释为包括一切具有财产支付内容的债权。虽然日本存在将债权以财产性利益的形式作为侵害对象进行定罪处罚的案例，但该判例中也是按一罪进行处理，实际上是按照责任竞合后进行处断。因此，债权作为财产性利益能否独立作为财产损失，需要在具体案件中进行判断。很多财产的损失并不是直观可见的，学者们在讨论时可能受到忽视。如存款人与银行签订存款合同的关系中，对以欺骗方式将使存款转入他人账户的行为，是一种对存款人所有的对银行依存款合同占有的货币的侵害行为。此行为是将银行占有或控制的他人的货币转移给他人，依然可以视为物权意义上的损失而不是债权损失。①因此，在目前涉及非法集资的财产犯罪中，并不适宜概括地将

---

　　①　笔者不认为存款人和银行之间存在的是简单的债权关系，具体可见最后一章中关于存款关系的论述。对于性行为等行为产生的债权是否可视为财产并计算损失还需进一步讨论。本书此处主要讨论涉及非法集资案件的财产损失。笔者还认为，对于谎称疾病是邻居开车送资金去医院的行为中，被害人的汽车的损耗、汽油损耗都可以视为财物损失。如果说此损失并不直观，那么加油、汽车维护等费用的支出则可以更清楚地看出行为所产生的财产损失。对于此问题的不同观点可参见张明楷：《财产性利益是诈骗罪的对象》，《法律科学》2005年第3期，第79页；陈烨：《财产性利益与罪刑法定问题》，《上海交通大学学报（哲学社会科学版）》2013年第5期，第47页；杜宇、温倩文：《论诈骗罪中财产损失的认定规则及其位阶关系》，《政治与法律》2020年第9期，第55页。

债权与物权都放入财产损失的计算之中。

（三）财产损失计算标准的完善

我国刑法并没有把"财产损失"作为独立的构成要素，直接表述在诈骗类型犯罪的法条中。纵观国内外关于诈骗罪中财产损失的表述方式，主要存在两种：一种是将"财产损失"直接明文规定在诈骗罪的构成之中。如德国刑法第二百六十三条第一款规定："意图使自己或第三者获得不法财产利益，以虚构、歪曲或者隐瞒事实的方法，使他人陷入或者维持错误，从而造成他人财产损失的，处五年以下自由刑或者罚金。"瑞士刑法第一百四十六条第一款、意大利刑法第六百四十条，也都明文将财产损失规定为诈骗罪的客观要素。另一种没有明文规定要求诈骗行为造成被害人财产损失。如日本刑法第二百四十六条规定："欺骗他人使之交付财物的，处十年以下惩役。""以前项方法，取得财产上的不法利益，或者使他人取得的，与前项同。"韩国刑法第三百四十七条第一款的规定也是如此。那么是否需要严格按照罪刑法定原则，从形式上理解诈骗罪的构成要件，而将财产损失排除在构成要件之外便存在一定争议。有的学者认为，既然诈骗罪是财产犯罪，就应当要求财产损失（未遂时要求财产损失的危险性，既遂则要求现实的财产损失）。至于财产损失是否是独立的要素，笔者认为这只是形式问题。如果财产损失是独立的要素，则要求在转移财产之外判断被害人是否遭受财产损失。[1]虽然《刑法》第二百六十六条关于诈骗罪的规定并没有将财产损失作为独立要素明确于刑法条文中，但不论其是否作为独立要素出现于诈骗罪当中，财产损失都是在评价诈骗行为中定量的重要因素。在互联网金融领域的非法集资行为中，被以诈骗罪评价其中侵害财产的行为时，认定规则应当从以下三方面进行调整。

1. 以既遂时间确定财产损失的数额

虽然诈骗犯罪的既遂标准是控制被害人交付的财物，而非取得财物

---

[1] 张明楷：《论诈骗罪中的财产损失》，《中国法学》2005年第5期，第118-119页。

后实际无法返还的财物。不过在诈骗罪的具体条款表述中，关于"数额较大"或"数额巨大"究竟是指交付时的数额还是无法返还的数额，并未明确说明。如果从行为时间分析，犯罪人取得财产的交付即可构成既遂，犯罪人所侵害的犯罪数额被确定当然在取得之时，而至于犯罪人如何处分非法占有的财产行为则是出现在既遂以后。

根据我国刑法理论的通说标准，诈骗罪既遂之时就应当满足所有刑法条文所规定的犯罪构成要素，也被视为犯罪行为实施完毕。那么既然在转移财产之时已满足全部的犯罪构成要素，就不存在事后返还的数额对于定罪的影响。只要犯罪人实际完成了对被害人财产的侵害即可，不管他如何处分财产，其犯罪数额都不会因其处分方式不同而发生变化。如在集资诈骗案件审理中，对于数额计算，通常以非法集资数额与已支付或返还金额简单做差的方式进行计算。但这样的计算方式并不是十分合理，特别是在处理互联网金融案件中。从抽象的行为表述上，以非法占有目的并切实控制了投资人的财产就构成了对于投资人财产的切实紧迫危险，只要形式上通过诈骗控制数额较大的财产就可以构成对于财产的侵害，即投资人由于虚假合同而失去了对财产的实际控制。

反观实务部门对非法集资行为涉及诈骗罪的案件中，以案发前的财产恢复状态判断犯罪数额的做法并不适当。这一做法也导致大量案件的处理存在差异化，导致只要最终钱不能归还就可以构成诈骗罪。有的学者主张，存在转卖可能性时，财产损失数额为被害人所为给付与转卖价格的差价。[①]但财产如果是货币，不存在转让问题而是存在使用问题时，转让价格的方法就无法充分评价财产损失的问题。在我国，诈骗罪以"数额较大"作为入罪要素，如果依照此数额计算方式，只要犯罪人事后还上了钱，就不会计入财产损失，没有财产损失就不能构成诈骗罪。这样也给予了犯罪人依靠诈骗进行获利的可能，比如犯罪人甲以非法占有为目的，通过网贷平台以投资合作开设公司的名义，以月利率4%签订

---

① 杜宇、温倩文：《论诈骗罪中财产损失的认定规则及其位阶关系》，《政治与法律》2020年第9期，第53页。

投资协议进行融资。甲取得20万元集资款后，进行高消费生活，随后为了试试自己的运气，将所剩余5万元全部用于购买福利彩票，最终获得奖金40多万元。此时，由于甲已经长时间未向投资人支付利率而被举报。依据我国目前关于集资诈骗罪数额的计算方式，只要甲在立案前将所集资金归还即可以不被认定为诈骗罪。依据犯罪形态理论，甲在取得20万元集资款时便已经构成非法集资罪的既遂。如果不认定其构成犯罪并对其进行刑事评价，会使得甲通过犯罪行为获得的20万元以高风险投机而获利[①]，这一结果并不能体现出刑法对于财产犯罪的立法目的和刑法正义的要求。如果仅从结果上简单地认为，投资人即使被骗，但是依然取得了投资回报，实现了约定的债权，并没有受到损失。刑法通过"其他严重情节"进行规制并不能很好地解决此问题，因为集资诈骗罪的犯罪情节并不是入罪的条件，而要与"数额巨大"的犯罪侵害程度相一致才可以，所以解决此问题的最有效方式依然是应当改变数额的计算方式。

2. 将孳息的侵害纳入财产损失的计算范围

当前互联网金融发展过程中，融资平台的资金沉淀以及产生的利益问题已不容小视。如前文所提及在支付平台通过虚设交易，以达到取得通过代持资金所产生的利益的行为。依据《非法集资解释》对于集资诈骗罪诈骗数额的规定，集资诈骗罪的数额以行为人实际骗取的数额计算，案发前已归还的数额应予扣除，此欺骗方式获得的资金和最终返还的资金是等额的，就不存在诈骗数额的问题。目前互联网金融中很多平台设计的单笔交易金额并不高，虽然按照小数点后保留两位并四舍五入的方法计算，在单笔交易中，结果几乎无法体现其中的差别。但在互联网金融快速发展的新形势下，很多集资行为都呈现出金额小、频次高、总交易量大的特点。对于最后累计的交易金额而言，资金在托管账户所产生的利息却无法让人对其忽略不计。那么，通过互联网金融平台进行

---

① 虽然最终甲获得的财产会被视为违法所得予以追缴，但如果甲将财产进行了消费，对已消费的财产是难以实施追缴的。对犯罪造成的损失又是以犯罪侵害时的数额计算，那么甲的侵害只计算20万元，也不能对超过的部分要求赔偿损失。

集资所获得的利息，要归于违法所得并收缴，还是被视为被害人所得进行返还就存在争议。

1993年，最高人民法院《关于贪污挪用公款所生利息应否计入贪污挪用公款犯罪数额问题的批复》明确规定："贪污、挪用公款后至案发前，被贪污、挪用的公款所生利息，不应作为贪污、挪用公款的犯罪数额计算。但该利息是贪污、挪用公款行为给被害单位造成实际经济损失的一部分，应作为被告人的非法所得，连同其贪污、挪用的公款一并依法追缴。"从该批复可知，利息虽然不能计入贪污罪的犯罪数额，但是应归于犯罪所得进行计算。这也与司法实务对诈骗罪的财产数额不仅仅是交付时的财产金额，而是实际造成无法返还的财产数额的处理结果一致。一般非法集资的形式通常都是采取投资合同、存款合同或者借款合同等将资金交付给集资人。依据集资所签订的合同，存款人将合同约定的资金支付给集资人，从而取得了享有集资人按合同约定支付回报的债权。在涉及非法集资的诈骗案件中，集资人的目的是将取得的集资款项据为己有，而不是按照合同约定履行义务。而依据我国物权变动理论，集资人由于诈骗行为而取得的财产，并不能实现财产的物权变动。即集资人因诈骗无权取得集资款的所有权。依据《民法典》第二百三十五条的规定，投资人有权要求集资人返还所集资的款项。按照《民法典》第一百八十六条的规定，存款人或投资人有权依据所签订的合同要求集资人承担违约责任，也有权要求集资人返还已支付的货币。在传统行为方式中，非法占有财产一般就是针对所骗取的财产。但随着互联网金融的发展，出现了通过欺骗方式控制资金或延长控制资金的时间，从而获得资金在控制期间产生的利润或银行利息的犯罪形式。具体而言，行为人以侵害货币生成的法定孳息为目的，通过发送付款失败或编造需延期割款项的信息，将控制资金期间所取得的孳息据为己有。虽然此行为通过虚构的理由控制了被害人的资金，但该笔资金由于通常是保存在银行的独立账户内，并且犯罪人侵害的财产也不是针对此资金，而是针对银行支付的利息。此时被害人的资金仍然在其控制之下，只不过是间接通过托管银行实现对资金的控制。但如果不评价这种通过欺骗方式获取孳息的行为，笔者认为并不妥当，因为资金的所有人确实因此失去了银行支付的利息，利益受到了实际侵害。因此，将以欺骗方式获得超期控制财产以此获得非法占有利润的行为，财产损失的数额至少可以依照同期银行活期存款利率计算。

3. 正视被害人对认定财产损失的影响

在当前大量出现的以产品为回报形式的奖励众筹项目中，存在着为项目集资通过虚假宣传使投资人误以为项目是进行高价值产品的开发，在集资成功后再支付低价值仿品从中获利的行为。如果可以将此行为认定为集资诈骗罪，那么对于存在支付回报的诈骗行为，如何计算财产损失，目前并没有司法解释予以具体说明。而这样的案件在电商平台也大量存在，犯罪人通过在电商平台设立商铺，采取代购的形式招揽订单，最后当收集到足够订单后，联系一般的生产商进行仿制，冒充原厂发货。德国刑法理论的通说认为，诈骗罪（既遂）的成立要求财产价值的减少，财产价值的增减通过一般的市场价值与个别的价值两个阶段的判断来决定。首先将行为人因欺骗行为所取得的财产与其提供的对价在纯客观价值上进行比较，如果取得的财产价值高于提供的对价，则受骗者存在财产损失；如果二者相等，则客观地比较受骗者就所处分的财产与所接受的对价的主观价值，如果受骗者所处分的财产的主观价值高于所接受的对价的主观价值，则受骗者存在财产损失。因为并非任何财物对于所有人都具有相同的价值，所以，在进行客观价值的比较之后，必须通过权衡财物对被害人的有用性、目的等要素，判断财物对被害人的主观价值的增减。①

德国刑法理论计算财产损失的方式，并不完全适用于我国诈骗罪财产损失的计算。在这种诈骗行为中，从获得众筹资金起犯罪人就已经成立诈骗罪既遂。那么此后无论犯罪人支付的物品如何，都是在符合犯罪构成之后对于犯罪所得的处分行为。从被害人的角度来看，即使仿制品

---

① 王钢：《德国刑法诈骗罪的客观构成要件——以德国司法判例为中心》，《政治与法律》2014年第10期，第42页。

的价值较真品价值相差不多（如都是不同的小型创业团队开发的相同产品），但由于并不符合项目融资时的表述，其给付的财物心理主观价值可能为零，那么对于诈骗数额不参考主观评价而仅以给付产品的客观价值进行确定便并不恰当。对于是否认可被害人的主观价值评价，是否允许其进行改变（开始并不认可，但随着时间变化接受了反给付的产品）就更加需要相关法律进行规制。

在笔者看来，我国刑法认定诈骗罪时，被害人的付款目的并不是犯罪构成要件。如果认为被害人认可反给付的支付内容，从而不将此行为视为构成犯罪，那么就等同于认为贷款人免除还款义务就可以不构成集资诈骗罪。但是无论是诈骗罪还是非法吸收公众存款罪，都是公诉案件，并不因为被害人的认可而不予追究刑事责任。因此，对于判断某行为是否构成诈骗罪，仅从犯罪构成符合性上并无问题。被害人设立交易的心理目的存在多种可能，既可以是对于产品的制造商情有独钟，也可能是为了支持产品的发展，也可能是其他原因。这其中的心理要素存在太多可能，既证明困难又难以标准化。因此，笔者认为，如果犯罪人的行为符合诈骗罪的构成要件，就可以以诈骗罪对其进行评价。犯罪人在取得被害人的财产时，就已经完成对被害人财产的侵害行为，此时犯罪已经既遂，无论其随后支付多少财产给被害人，也无法改变其犯罪事实。

四、完善非法占有目的的认定标准

非法占有目的一直以来都被视为财产犯罪的构成要素，特别在集资诈骗罪中被法条明确化。而非法占有目的如何认定一直以来都是理论界和实务界争论的问题，不同学者有各自不同的观点和主张。随着互联网金融的发展，通过互联网金融方式进行集资诈骗的犯罪行为也逐渐增多。而互联网金融下，集资犯罪所侵害的对象通常只有货币，而此前认定非法占有目的的标准与互联网金融并无区别，因此笔者将以互联网金融下的集资诈骗行为为对象，提出对当前非法占有目的认定标准的一些完善意见。

犯罪通常是为了实现一个预先设定的目的而实施行为。[①]"非法占有目的"是区分非法吸收公众存款罪与集资诈骗罪的核心要素，是当前在理论上存在众多争议的地方，也是研究刑法规制非法集资问题不可忽略的内容。普通诈骗罪中的非法占有目的被认为是隐性的构成要素。[②]但立法者却将非法占有目的明确规定在了金融诈骗犯罪中，这也足以说明刑法对非法集资的规制这一要素的重要性。笔者认为，对非法集资中的"非法"的解释应当是作为一种"对违法阻却事由的提示"的存在。正如德国学者耶塞克和魏根特指出："刑罚法规与其他所有的法命题一样，不仅包含定义，而是由构成要件与赋予权利或负担义务的法效果组成。在构成要件中，一定事态作为法律上的重要特征而记述下来；如果符合构成要件，便发生法效果。"[③]在讨论非法占有目的时，笔者并不对"非法占有"作讨论，而只讨论"占有"，是因为非法占有目的中的"非法"并不作为犯罪构成要素而出现。有无"非法"一词并不影响条文表述，并且也并不存在合法的欺骗行为。因此笔者认为"占有"才是非法占有目的中真正具有研究意义的存在。

（一）明确"占有"的研究语境

"占有"是规制侵害财产犯罪的核心要素，也是讨论诈骗犯罪不可忽视的问题。学者们对于"占有"的讨论也一直没有平息，从占有的抽象概念到实践认定标准一直是业界研究的热门话题之一。如果要以侵犯财产罪规制非法集资中侵害财产权利的行为，那么对"占有"如何认知就尤为重要。非法占有目的是构成诈骗罪、集资诈骗罪、贷款诈骗罪、信用卡诈骗罪和合同诈骗罪的构成要素。尽管从文字的表述上刑法中的

---

① [英]威廉姆·威尔逊：《刑法理论的核心问题》，谢望原、罗灿、王波译，中国人民大学出版社2015年版，第160页。

② 张明楷：《诈骗罪与金融诈骗罪研究》，清华大学出版社2006年版，第404页。

③ 张明楷：《刑法分则的解释原理》（第二版），中国人民大学出版社2011年版，第535页。

"占有"与民法规定的表述一般无二，但刑法上"非法占有"目的中的"占有"一词与民法中的"占有"并不能简单等同。

1. 刑法中的"占有"不同于民法中的"占有"

民法上的"占有"通常被认为是对物在事实上的占领、控制。在民法体系中，占有是作为一项独立于所有权和其他物权的特殊制度。在民法对占有制度的设计中，行为人依据合法原因取得还是非法取得对财物的占有，都会受到占有制度的保护。占有制度的价值主要体现于对物的事实秩序的维护。对于占有人而言，可以通过主张排除妨害、防止侵害以及赔偿损失等方式实现其权能。占有的实现一方面需要占有人主观上具有占有意思，另一方面也要求占有人在客观上控制或支配占有物。无论是主观层面占有人对占有行为的认知，还是客观层面占有人对于物的支配，都是为了使占有人形成一种民法上所认可的对物控制的事实。

虽然物权所有权的内容中也包括占有，但与所有权所强调的内容不同。占有制度的独立规定在于调整物的实际控制，所有权则在于强调物的权利归属。对于相对于物的所有权人而言，占有本身并不一定是合法的对物的占有，也可以是非法的对物的占有。从逻辑上涉及所有权中的占有则必须以所有人为前提，如果不具有所有权，那么当然无从谈及所有权下的占有。从设立占有制度的意义来看，民法设立维护对于物的占有，却并不强调占有的原因是否合法，并保护占有人的相关权利的这项制度，是为了更好地维系民法中财产状态的稳定。通过对于动产"占有即所有"的推定而维护占有人对财产具有排他性的状态保护。通过这一制度可以防止非所有权人随意质疑财产占有人占有的合法性，加强了财产流转过程中的稳定性。虽然对于占有是否是一种权利尚有争论，民法学通说认为占有是一种事实状态，这种事实状态是指民事主体对物的一种事实上的控制而并不是权利。[①]

刑法条文明确出现"占有"这一文字表述主要是在诈骗犯罪中，主要以"非法占有目的"这一词组规定在相关分则罪名当中。虽然从条文

---

① 黎宏：《论财产犯中的占有》，《中国法学》2009年第1期，第111页。

表述上来看，诈骗罪中的占有与民法中的占有并没有什么区别，但是刑法中非法占有目的中的"占有"并不能等同于民法中的"占有"。有学者主要针对占有的事实状态进行了讨论，对于是否可以作为一种法益进行保护与占有可适用的范围提出了不同的主张。有的学者主张占有的概念仅适用于有体物，而不能是如利益等抽象之物，也不能将占有拓宽至所有可以代表财产的利益。①有的学者认为民法上的占有制度的作用主要在于确定占有人的地位，并以此明确占有人与其他人的权利义务界限，占有本身构成财产归属与控制秩序的一部分，是对财产持续稳定的、明确的控制与支配。而刑法上的"占有"，只在于确认财产被现实控制支配的事实，因此一时的控制支配也可构成。②这些讨论为我们厘清了刑法中所讨论作为事实状态的"占有"，以及提出了如何对待"占有"在刑法中的地位。由此引出了"占有"能否作为一个独立的侵害对象而存在的问题。

2."占有"能否成为诈骗罪的侵害对象

通说认为诈骗罪的客体是公私财产的所有权，主观方面是直接故意，且以非法占有为目的。但近年来，随着一些国外理论的引进和讨论，开始有学者主张刑法中实际占有与非法占有目的中提及的排他支配并不是一个语境下的问题。在刑法学界讨论"占有"的相关理论并不都是在非法占有目的的语境下讨论的问题。事实上，在研究"占有"这一概念时，刑法理论的研究主要集中在两层语境下：第一层语境是，"占有"是否可以作为一种独立的权利或法益，用刑法将其视为独立的客观要素并通过刑法惩治对其实施侵害的行为；第二层语境是，非法占有目的层面，是关于"非法占有"与"侵占""非法所得"或"不法所有"等相同含义的概念，是作为对于取得他人财产并使用，以取得类似

① 车浩：《占有不是财产犯罪的法益》，《法律科学》2015年第3期，第123页。

② 周光权、李志强：《刑法上的财产占有概念》，《法律科学》2003年第2期，第43页。

所有权权能的主观层面的要素。①本书重点讨论的是第二层面语境下的"占有"。

有的学者主张非法占有目的中的"占有"，并不是指通过盗窃行为取得对财物占有的状态，并认为对于仅取得占有状态而不侵害所有权的行为，不应当视为符合非法占有目的。②有的学者认为对于侵害他人占有自己所有之物是否成立犯罪存在争议。如在讨论盗取自己所有他人占有的财产案件中，甲将汽车借给乙的行为本身并没有丧失对于汽车的所有权，因此，乙只是客观实际控制财产，只能使用而无权处分。甲此时失去的是对汽车的控制，如果甲通过盗窃方式取回汽车，只是通过盗窃手段在此实现对于汽车的实际控制，并未因此行为而获得财产的增加，也并没有使他人的财产总量减少。乙所失去的是对汽车的占有，并未产生直接财产损失。从盗窃罪构成的形式上看，甲对自己所拥有但不实际可控制的财产实施盗窃，获得了甲自己的财产。但之后甲以汽车丢失为由向乙提出赔偿，或者乙主动向甲要求支付赔偿后，甲接受赔偿便会构成诈骗罪。在此情况下，甲为了非法占有乙的财产，通过虚构自己汽车丢失的事实，或者隐瞒甲汽车未丢失的真相，使乙相信并以此支付赔偿金符合构成诈骗罪的条件。如果有权占有人支付了合理对价而取得占有，可以按诈骗罪进行考量。在实践中，犯罪人对于占有的侵害很多发生在有偿出借出租的情况下。如甲将车借给乙30天并收取3000元，但其根本不想借给乙而偷偷将车开回来。实际上追究甲获得3000元的责任并不是为了维护乙的占有，而是因为乙的货币损失。

---

① 第一种讨论是占有作为客观要素层面的研究，第二种是作为主观要素层面的研究，并不是同一个语境所讨论的问题。相对于财产犯罪中非法占有目的问题的研究，对于客观要素的占有是近十年由国内学者将日语中的表述直接引入中国并在国内刑法理论中使用。车浩：《占有不是财产犯罪的法益》，《法律科学》2015年第3期，第131页。

② 车浩：《占有概念的二重性：事实与规范》，《中外法学》2014年第5期，第1182页。

虽然从形式上看，占有人因实际控制财产而享有一些民事制度所规定的权利，如返还占有物、排除妨害等请求权。但这些制度并不代表占有是一种独立的权利。而物权法的基本原则之一就是物权法定原则。刑法也不能突破物权法的基本原则将占有视为物权。

（二）"排除意思说"的再提倡

虽然我国刑法条文中明确规定了"非法占有目的"，但对于非法占有目的如何理解在理论界并不统一。我国目前关于非法占有目的的讨论大多都参考了日本刑法学界的相关评述，以利用意思、排除意思等因素作为认定非法占有目的的区分要点。日本刑法认为，所有取得型财产犯罪都具备同样的非法占有目的，包括排除权利人对财物的占有、转为自己支配处分他人财物的"排除意思"，和按照财物的经济或者本来用途利用、处分的"利用意思"。学界普遍认为，非法占有目的是多数财产类犯罪的主观构成要件，但对其具体内涵的理解，尚未形成一致意见。在规范标准层面，日本刑法理论的"排除意思"和"利用意思"开始成为学界通说。[1]

我国关于非法占有目的的理论学说包括：不法所有说、非法获利说、非法占有说、不法所有说等几种观点。[2]但这些学说也基本上都是围绕着排除意思和利用意思进行的讨论。如有的学者主张非法占有说，认为犯罪人是为了使自身非法实现他人财产所有权权能。[3]有的学者支持非法所有说，即非法占有目的，是指排除权利人将他人的财物作为自己的所有物进行支配，并遵从财物的用途进行利用、处分的意思。[4]有的学者

---

[1] 贾占旭：《集资诈骗罪"非法占有目的"要件的理论修正与司法检视》，《法学论坛》2021年第1期，第116页。

[2] 赵秉志主编：《金融诈骗罪新论》，人民法院出版社2001年版，第19页。

[3] 参见孙国祥：《非法占有目的刍议》，《南京大学法律评论》2001年第1期，第70页。

[4] 张明楷：《论财产罪的非法占有目的》，《法商研究》2005年第5期，第76页。

认为此处的占有是非法所有，也就是坚持不法所有说的观点。有的则认为非法占有就是指事实上的占有控制。虽然民法中将占有制度进行了独立保护，并且既保护有权占有人也保护无权占有人，但在刑法中并没有对其进行保护。笔者认为，非法占有目的应当以"排除意思"作为其核心，而利用意思在诈骗罪的非法占有目的中并不必要。因为占有并不是对事实占有的侵害，而是对财产所有权的侵害，侵害财产所有权的行为必须具有利用财产的意思。

1. 利用意思不是认定非法占有目的的必要因素

主张应当具有利用意思的学者认为，利用意思是区分诈骗罪与故意毁坏财产罪的关键要素之一。如果没有利用意思将使得故意毁坏财物罪仅限于占有人控制下的毁坏财产的行为，限制了该罪的适用范围。[①]笔者认为，仅采用排除意思而不适用利用意思并不会导致刑法中罪名被限制的问题。如甲以毁损乙的汽车为目的，将乙的汽车骗到手中，随后将汽车烧毁。按照排除意思说，甲排除意思将汽车骗到手中，此时甲已经构成诈骗罪既遂。而对于甲取得财产后，无论使其价值增加还是毁损，犯罪行为都已实施完毕。并且故意毁坏财物罪的主观目的可能只是犯罪人的二级目的，并不能因为其最终目的没有实现而称其限制了故意毁坏财物罪的适用。相反，过度强调以故意毁坏财物罪定罪处罚此种行为是对该罪名不合理的扩张适用。如果甲以故意毁坏乙的汽车为最终目的，采用骗取乙的汽车将汽车开到其他城市报废的方式实现毁坏，而在到达目的地前被抓获时，甲也不能主张其目的是故意毁坏财物而不对其诈骗行为定罪处罚。

另外主张必须依据财产具有的用途进行利用也存在问题。如甲通过发布虚假招商信息招募伙伴共同设立公司，通过宣传后将所筹集的资金放于家中，此后不闻不问。如果按照货币的用途而言，甲并没有使用货币的支付功能，就不具备利用的意思，亦不能按诈骗罪定罪处罚。那

---

① 张明楷：《诈骗罪与金融诈骗罪研究》，清华大学出版社2006年版，第309页。

么这就需要对刑法上认知的财产的使用进行再解释。如果甲具有排除意思，将乙的货币放在家中不用，而由于没有利用意思，就不能构成诈骗罪，那么这一结论显然和刑法所规制的侵害财产罪名的设置目的不相符合。并且，对于财产的利用本身是一个随意的自由权利的体现。如果仅以解释者认为的利用方式为标准，只规制对这一利用方式侵害财产的行为，也不符合刑法平等原则的要求。从侵害财产的角度看，无论是对财产核心用途的利用，还是次要用途的利用，只要利用者不存在排除所有人的意思，就不涉及非法占有目的，也不构成诈骗罪。

2. 排除意思说体现了立法目的

非法占有目的起初被立法者写入刑法条文之中就是为了让其实现犯罪构成要素的功能。1995年6月29日在第八届全国人民代表大会常务委员会第十四次会议上，在审议《关于惩治破坏金融秩序犯罪的决定（草案修改稿）》时，有委员向最高人民法院提出原稿第八条（集资诈骗罪）中，通过"以诈骗方法非法集资的"文字表述并不能明确此类行为犯罪人的主观目的，并提出应当明确规定此类行为人试图通过诈骗方式将非法募集资金据为己有，建议修改为"以非法占有为目的，使用诈骗方法非法集资的"，以划清与其他扰乱金融秩序行为的界限。①在1995年6月30日，全国人民代表大会常务委员会公布的《关于惩治破坏金融秩序犯罪的决定》直接采用了这一表述。可见立法者设立非法占有目的是明确在非法募资中的排除权利人对财产的控制并以己代之。而这一理解也符合刑法中其他罪名的表述。如《刑法》第二百七十条关于侵占罪的规定中就存在排除意思的表述形式，即"将代为保管的他人财物非法占为己有，数额较大，拒不退还的"。虽然"非法占有目的"与"非法占为己有"表述不同，但都体现出侵害财产犯罪中对于财产所有人的排除

① 参见中国人大网：《关于担保法（草案修改稿）、保险法（草案修改稿）和惩治破坏金融秩序犯罪的决定（草案修改稿）修改意见的汇报》，http://www.npc.gov.cn/wxzl/gongbao/1995-06/29/content_1480133.htm，最后访问时间：2021年3月13日。

意思。犯罪目的是指犯罪人希望通过事实犯罪行为达到某种危害社会结果的心理态度，也就是危害结果在犯罪人主观上的表现。"非法占为己有"是一种犯罪目的的表述，后文中"拒不归还"也体现了排除意思，实现了整体的统一性。可见，采取排除意思对非法占有目的加以理解是与其他相关罪名相一致的。

3. 排除意思说足以认定非法占有目的

排除意思说足以认定非法占有目的，只是需要对财产属性进行进一步认知。比如非法集资中对资金骗用行为是否入罪的问题。司法解释对资金的骗用问题以能否归还或是否投入生产经营等因素来判断。笔者认为，货币由于自身的特殊属性决定了其使用功能和处分功能，除权利人另有约定，否则通常并不能进行分割行使。在集资人通过欺骗方式集资获取了他人货币后，并没有获得货币的处分权。如果集资人将货币用于支付，那么必将是一种处分他人所有货币的行为。而货币的处分权一般并不能重复使用，因为其以支付功能交付货币后，就自然相当于对货币进行了处分。这一认定主要是由货币本身的特殊性决定的，如果是骗取汽车进行使用，当然不能直接认定使用的行为具有处分的意思，从而认定骗用人具有排除意思。因此，使用本身并不能推出任何人对任何财产的使用都具有排除意思，而可以认定非法占有目的。而仅对货币以支付方式为用途的使用，由于同时行使了处分权能，一般可以认定非法占有目的。因此，在非法集资领域中，无论是为了生产还是为了投资，或是为了消费，这些行为的共性都是排除了所有人再对货币进行处分的可能，因此都是具有非法占有目的的行为。

（三）"非法占有目的"的认定标准

如前文所述，仅通过欺骗方式而获取财产的行为人不能直接认定其构成诈骗罪，还需通过证明其主观具有非法占有目的，即排除财产所有人权利的意思。由于犯罪目的是犯罪人内心的犯罪主观要素，即使是由犯罪人直接通过言语表达出的意思，也并不一定是其真实意思。我国实践中一般采取的方式是通过犯罪人的表述加上犯罪人的行为，采取主客观相一致的原则判断行为人的主观目的。

1. 当前所采取的认定非法占有目的的情形

关于诈骗犯罪中非法占有目的的认定问题，我国最高人民法院在《金融会议纪要》中提出了七种推定主观目的的参考情形。①2010年最高人民法院发布的《非法集资解释》又将此前提出的七种情形扩展到八种。虽然实践中认定非法占有目的存在诸多证明上的困难，但对于不断扩张的可适用的认定条件，是否都存在其合理性则有待讨论。笔者尝试将目前能认定非法占有目的的这八种情形进行分类，分别具体探讨其合理性。

（1）直接使用型

"肆意挥霍骗取资金"和"使用骗取的资金进行违法犯罪活动"都是行为人在骗取资金后对资金使用的行为。在挥霍骗取资金的行为中，由于货币占有人是依据善意取得制度取得货币所有权，因此原所有人不能主张已履行支付功能货币的所有权。在进行违法犯罪行为中，原所有权人也同样因为其原本所有的货币，因实现支付功能而丧失恢复财产的可能。"集资后不用于生产经营活动或者用于生产经营活动与筹集资金规模明显不成比例，致使集资款不能返还的"这一条款作为最高人民法院新增的认定情形，实际上依然是属于将骗取的资金进行使用的情形。无论使用资金的比例如何，只要对资金进行处分就当然具有排除意思。

（2）逃避恢复型

行为人骗取资金后逃跑，是从空间上强化其对所骗取资金的控制，并减低原权利人恢复对货币的占有控制的及时性，加大其权利恢复的难度。对资金的转移、隐匿也是直接加强对所骗取资金的控制，实现原权利人无法再获得对财产控制的效果。行为人通过隐匿、销毁账目或者假破产等方式，依然是意图使原权利人放弃对财产的恢复，或者增加其恢

---

① 这七种类型分别是：明知没有归还能力而大量骗取资金的；非法获取资金后逃跑的；肆意挥霍骗取资金的；使用骗取的资金进行违法犯罪活动的；抽逃、转移资金、隐匿财产，以逃避返还资金的；隐匿、销毁账目，或者搞假破产、假倒闭，以逃避返还资金的；其他非法占有资金、拒不返还的行为。

复的难度。

（3）能力认知型

在这七种列举的类型中，只有"明知没有归还能力而大量骗取资金的"是发生在犯罪行为之前的。司法部门认为，如果行为人本身并不具有归还资金的能力，就不应该大量骗取资金。

（4）拒绝返还型

虽然司法解释中的文字表述为"其他非法占有资金、拒不返还的行为"，是一种概括性条款设置方式，但实际上"拒不返还"就体现了行为人的行为目的。如前文所述，非法占有目的是具有排除意思的犯罪目的，而犯罪人通过对原权利主张恢复财产权利的拒绝，就是直接体现对原权利人的所有权的排除。因此虽然此情形具有一定的行为概括性，但其行为表现的核心特征已经十分突出，也足以作为一种认定非法占有目的的情形存在。

2. 能力认知和逃避恢复不能直接认定非法占有目的

笔者认为，通过对行为人还款能力认知和逃避，认定行为人具有非法占有目的存在不合理之处。

（1）归还能力强弱不能作为认定非法占有目的的依据

"明知没有归还能力而大量骗取资金的"并不适合推定行为人是否主观具有非法占有目的。从非法占有目的要求具有排除权利意思的角度看，行为人在骗取资金时的经济能力与是否具有排除意思无关。因为还款能力是行为人客观的经济能力的表现，还款能力的高低并不能产生对于所骗得资金的排除意思。能否归还与是否想归还并不具有客观的联系，更多是一种司法实务中的经验。诚然对于非法占有目的的认定本身就包含了大量的实务经验。而实践中大量的非法集资类诈骗案件都存在着还款能力欠缺的集资人，通过欺骗方式获得资金，由于不能合理使用资金导致资金链断裂。从案件统计的概率分析，这种还款能力欠缺的集资人在骗取资金并使用后，导致资金无法归还的案例数量较高，仅笔者通过对中国裁判文书网的司法判决数据库中吉林省100多个集资诈骗案件研究发现，犯罪人都不具有较高的还款能力。从统计结果看，以明知没有归还能力认定骗取资金的行为人具有主观非法占有目的的推定结果存在高度一致性。大多数以非法吸收公众存款罪定罪的案件进入刑事视野是由于犯罪人资金链断裂，无法实现向被害人如期支付承诺的利息。如果以明知没有还款能力，推定犯罪人具有非法占有目的，那么非法吸收公众存款罪的犯罪人都应被推定具有非法占有目的。虽然从结果来看，归还能力作为一种事前的犯罪人的身份背景，还款能力低的行为人由于缺乏对大量资金使用的经验和经营投资的经验，具有较高概率出现资金管理问题导致不能还款。而具有资金管理经验，本身具有经营实体的行为人同样实施骗取资金后，资金运用得当，能归还的可能性就大。在研究中笔者发现，很多案件所涉及投资项目并非虚构，但项目最终无法帮助集资人顺利偿还债务，主要原因是集资人在集资时设立的利息过高，导致项目盈利能力无法与支付债务相匹配。此时集资者选择向更多人发起新一轮集资，用所获去偿还自己之前所欠债务。如果从偿还能力的要素来看，很多案件的犯罪人再开展新一轮集资用于偿还欠前部分集资者的欠款时就已经属于"明知不具有偿还能力"。

从犯罪构成的角度分析，"明知没有还款能力"是主观因素判断。无论其知道是否具有还款能力，与通过欺骗方式取得财产控制无关，并不是说行为人没有还款能力就不能进行借款。正如在投资房地产的集资案件中，在行为人将借款投资于房地产项目时，在房子没建成出售前，行为人除非违规销售期房，否则难以确定其还款能力，更难以判定其是否知道或应当知道其有无还款能力。知道自己是否具有还款能力是一种主观上的判定，并不能从结果层面的无法及时偿还直接推出没有还款能力，并进一步推定其具有排除权利人的意思。实际上，对"集资后不用于生产经营活动或者用于生产经营活动与筹集资金规模明显不成比例，致使集资款不能返还的"行为认识，还存在另一个角度对其进行评价的可能。因为无论集资后资金用于生产还是其他用途，都是对资金的处分行为。对所集资金的处分行为，就是对财产所有权人排除意思所做出的行为。所以此司法解释具有高度的一致性的原因，是由于在解释中行为人所做出的行为，包括具有排除意思的处分集资款的行为。而仅以行为人处分所集资金就可以认定行为人主观上具有非法占有目的。

（2）逃避行为不能成为独立的认定依据

逃避行为虽然增加了财产被非法使用的风险，并不能使原权利人丧失对财产的权利，但财产灭失的风险在失去对财产的占有时就已经产生。逃避不是对财产的处分，而是强化财产失去控制的状态。因此，逃避行为并不能直接推出对原权利人具有排除意思。逃避只是给权利人主张和实现权利恢复起到了阻碍和延迟的作用。从财产价值的角度来看，逃跑和藏匿本身并不能使财产价值消失，没有进一步对财产进行侵害。因此，如果行为人只是单纯地逃避并不能说明其在主张对财产非法占有，还要结合其他情节进行进一步认定，而不能仅依据逃避行为就认定其具有非法占有目的。隐匿财产并不能直接被认为和拒绝返还财产具有同样的作用。转移财产也可能是犯罪人加强对财产控制的方式，其行为并不足以表达出拒绝返还的意思，而只能推出延迟意思或弱化的意思。只有配合一些其他证据，如拒不交代所转移的财产去向才能进一步认定其具有非法占有目的。其实实务中隐匿财产和转移财产行为发生后，一般行为人都不会交代财产放在何处或转移到何处。因此只有明确拒绝原权利人主张权利才能直接认定具有排除意思，推出其具有非法占有目的。

3. 明示拒绝和处分财产才能直接认定对货币的非法占有目的

在拒绝返还类和直接使用类中，对于非法占有目的的认定是可以实现的。在直接使用的情形下，由于行为人在处分和使用财产的同时，就当然地排除了原所有权人对财产主张权利的可能，因此笔者认为，通过此类行为认定具有非法占有目的是具有合理性的。而在拒绝返还类中，行为人通过直接拒绝原权利人恢复控制财产的主张，是以否认其恢复请求的方式体现对原权利人的排除。因此，通过拒绝返还类情形认定非法占有目的也是适当的。

尽管最高人民法院对此新增加一条关于认定非法占有目的的情形，并且对资金的使用用途进行了限定，但笔者认为将资金用于生产经营与资金用于个人消费，从排除意思上并没有本质区别。由于货币本身的属性制约了行为人在取得货币后的使用与处分的区别。所以在以货币为对象的侵害行为中，只要行为人使用了货币的支付功能，就几乎可以断定原权利人对货币失去控制。在其他财产侵害中由于可能存在使用和处分行为的分离，如骗取汽车使用后归还的情形中，财产依然可以归还使用，即使在骗取汽车后存在使用不当导致车辆有部分损害也不影响对原权利人对财产的占有和控制。而骗取货币的行为则不同，由于货币使用后财产的原权利人就失去了被使用的那一部分货币的控制，并且很难实现对该笔货币的恢复占有。不过，笔者认为只有在行为人已经明示拒绝归还或者已经处分财产时，才能被认定具有非法占有目的，而对于未使用和未拒绝的部分则不能直接认定其也具有非法占有目的。①

---

① 实务中，因为打击金融犯罪的需要，出现过对于已挥霍的金额与未花销的金额不做区分，均认定具有非法占有目的。类似的情况更多出现在治理毒品犯罪当中，对于抓获的贩卖毒品的犯罪人家中查获的毒品，一般直接推定犯罪人对家中毒品也具有贩卖的意思。除非其吸食毒品，才将其中能证明吸食的部分扣除。

第五章

互联网金融下非法集资行为刑法规制的展望

为合理规制互联网金融领域下的非法集资行为，笔者主张将目前刑法对非法集资行为规制模式进行改进。如果未来我国证券概念发生改变，金融监管部门对集资行为的规制方式也将发生变化。原本通过国务院发布的行政法规对非法吸收存款进行规制的方式，未来将会被证券监管为主的新规制模式替代。金融监管规则的大幅度调整也要求刑法对判断集资行为的合法性标准进行调整，而证券概念的扩展将引导刑法以证券类罪名取代存款类罪名规制非法集资行为。

一、互联网金融领域中集资行为规制调整的预期效果

任何一个新的规制方式都需要经过实践检验来证明其合理性，非法集资行为的规制方式也不例外。刑法原则上不能介入公民生活的核心范围，但这一核心范围本身并不绝对，会随着社会的发展而发生变化。[①]新的认定标准、新的影响因素都需要由具体集资行为的评价结果验证其合理性。刑法中的一些过时的条文规定对互联网金融发展甚至会产生致命的威胁，很多经济上的创新活动往往就是因"过时"的刑法条文频频干预而受到阻滞甚至扼杀。[②]金融机构的一项重要任务就是扮演一位中间人，为社会闲置资金与社会借款需求之间架起一座桥梁，使社会资金得到充分利用。但传统金融机构因资金配置过程中信息处理能力受限，进

---

① 敬力嘉：《非法集资犯罪共犯范围的过度扩张及其匡正》，《法商研究》2020年第6期，第95页。

② 刘宪权：《论互联网金融刑法规制的"两面性"》，《法学家》2014年第5期，第84页。

而导致资金配置成本增加。互联网金融模式可以最大限度地减少资金配置过程中因信息交互产生的成本，促进资本市场的高效运转，最终实现金融脱媒。

对于所有众筹形式是否都应属于金融监管范围的问题，目前金融监管部门并没有明确做出答复。目前金融监管部门已将P2P网贷和众筹融资视作两类不同的金融业务形式。一些学者在撰写众筹相关论文时将P2P网贷囊括于众筹范围之内，即众筹的形式包括捐赠众筹、奖励众筹、债权众筹和股权众筹四类。①最高人民法院在2015年8月公布了《关于审理民间借贷案件适用法律若干问题的规定》，对此前一直被视为灰色地带的企业间订立的借贷合同效力予以确认，并对"民间借贷"这一概念进行说明。通过最高人民法院的这一解释肯定了同业拆借行为的合法性，保障了互联网建立借贷关系的企业和个人在法律上的权益。对于当前发展得如火如荼的P2P网贷和众筹业务而言，刑法规制的方式和原则将会对互联网金融具体业务未来的发展趋势产生重大影响。

刑法目前在司法实践中参考的司法解释是以《取缔办法》为基础，经过进一步细化而得出的非法集资认定标准。其中认定某行为是否具有违反金融管理秩序是以此行政法规为基准。但在当前金融创新背景下发展出的互联网金融集资行为的认定中，刑法如果严格按照金融相关的行政法规中的标准来认定互联网金融集资行为的非法性，那么如网贷平台等业务模式就存在违反金融管理规定，包括通过以此模式进行集资的行为。但如果按照金融创新鼓励互联网金融发展的角度而言，又缺乏明确的规则去判定具体哪些业务合法，哪些业务违法，又有哪些业务原来不合法但是被视为创新后变为合法。刑法由于受罪刑法定原则要求，对于

---

① 一些学者在关于众筹的讨论中将P2P网贷视为债权众筹，即通过互联网形式以设立债权债务关系的方式进行融资。樊云慧：《股权众筹平台监管的国际比较》，《法学》2015年第4期，第84页；刘宪权：《互联网金融股权众筹行为刑法规制论》，《法商研究》2015年第6期，第61页；肖凯：《论众筹融资的法律属性及其与非法集资的关系》，《华东政法大学学报》2014年第5期，第31页。

所规制的犯罪行为必须具有明确性，不应通过一个过于模糊的概念进行规制。因此，刑法要采取什么方式对互联网金融下集资行为进行评价，就需要进一步研究。

（一）互联网金融领域中集资行为的除罪标准

目前通过众筹平台开展集资的形式，除了股权众筹，主要就是奖励众筹和捐赠众筹。随着众筹业务的不断发展，奖励众筹也迎来了更多的投资人。伴随着众筹项目的增多，一些通过非股权类众筹形式骗取资金的项目也逐渐出现。相较于网贷平台所涉及的集资行为，众筹平台中集资行为是否属于刑法所规制的非法集资则复杂得多。众筹平台目前由于存在奖励众筹、捐赠众筹和股权众筹三种不同的集资方式，因此在讨论某行为是否属于刑法所规制的非法集资行为时，也应进行分类分析。根据最近已发布和正在起草的互联网金融相关的监管规定，我们可以肯定股权众筹确实属于互联网金融监管范围之中，并归属于证监会监督管理。笔者认为，刑法应当先以金融监管是否介入为基本立场，再选择对于这类集资行为的规制方式，不能仅凭与股权众筹同属于众筹形式，又符合向社会不特定对象募集资金的构成要素，就将这类行为视为非法集资而进行评价。

1. 网贷集资不属于非法集资行为

集资人通过在网贷平台发布集资项目，在网贷平台上公开进行集资。该行为从形式上符合当前非法集资的基本特征中的公开性、社会性和利诱性，但非法性要件的满足与否则存在一定疑问。在此前对非法集资的非法性解释中，还存在着借用合法形式进行集资符合非法性的规定。那么网贷平台融资是否属于借用合法形式，就是认定通过网贷平台集资是否属于非法集资的关键。笔者认为，根据《关于审理民间借贷案件适用法律若干问题的规定》中关于民间借贷的规定，自然人或法人通过网贷平台所发布的是借款合同，构成借款关系，主体并不涉及金融机构。因此，通过网贷平台建立的借贷合同应当属于民间借贷关系，而民间借贷并不属于金融监管范畴。当前互联网金融中无论是通过网贷平台还是通过股权众筹的方式进行融资，都不需要经过相关部门批准。而我国证券法在修改中，也将通过股权众筹平台进行股权融资列入豁免名单之中。司法实务中在判断非法吸收公众存款罪和集资诈骗罪的金融违法性时十分困难，通常是咨询或参考当地的银监机构的意见。①不过依照最高人民法院的司法解释中对于民间借贷的定义，很多案件实际上都是民间借贷关系，而非发行股票、债券或者开设银行吸储放贷。个人或者公司之间建立借贷关系并不需要向银保监会申请批准，个人也并不应因为与不特定对象建立借贷关系，而被认定其行为具有行政违法性。银保监会、工信部和公安部等多部门联合颁布的《网贷暂行办法》也认可了网贷集资的合法性。因此，只要是不存在违反金融管理规定通过网贷平台进行集资的行为，都不应当被视为刑法所规制的非法集资行为。

2. 奖励众筹集资不属于非法集资行为

发起回报众筹的集资行为在性质上被理论界很多学者认为属于预付款或其他形式优惠的交易合同。根据《指导意见》对互联网金融监管的要求，现阶段奖励众筹不在金融监管范围内。由于现阶段的互联网金融监管规则并未将奖励众筹作为非法集资的监管对象，刑法不宜将其视为违反金融管理秩序的行为。

虽然采取奖励众筹形式的集资行为符合目前刑法对非法集资行为的认定标准，即集资人通过互联网公开发布集资信息，并对投资者许以回报，而接受集资信息的对象也没有进行甄别和筛选，可以被认为是借用合法方式的变相吸收资金。不过，因为这种方式并未被监管机构归入互联网金融范畴，而被视为一种通过互联网平台进行的电子商务行为，所以通过奖励众筹方式进行的集资行为并不能被认定具有金融违法性。刑法只能以侵害财产类罪名，对采用奖励众筹形式进行诈骗的行为进行规制。虽然司法解释中列举的"虚构经营目的"的集资行为，属于刑法所规制的非法集资范畴，但奖励众筹在当前认定标准之下，很难被认定投资者具有等同于"还本付息"的获利要求，毕竟奖励众筹的回报并不一

① 可参考广东省广州市中级人民法院（2011）穗中法刑二初字70号判决书和河南省安阳市中级人民法院（2014）安中刑一初字第3号判决书。

定具有还本付息的特点，如奖励众筹承诺回报的一些特殊产品本身的价值通常会低于投资人所付出的货币价值。如果依照一些学者的观点，将奖励众筹视为预付款交易，那么生产者为了盈利则不会将做出的产品设置一个低于成本的价格。因此，笔者认为在当前监管语境下，不宜将奖励众筹纳入刑法所规制的非法集资行为判定之中。

3. 捐赠众筹集资不属于非法集资行为

集资者通过捐赠众筹平台进行集资，虽然借助了众筹平台，但法律监管上依然属于民政部对公益事业募捐监管的范围之内，并不属于金融监管范畴。从刑法要求非法集资具有经济的回报价值的角度来看，捐赠众筹也不符合此非法特征的集资形式。虽然，从方式上集资者通过众筹平台公开向社会不特定对象发布集资信息，但由于并未违反目前的金融管理规定，并不适合将其纳入当前刑法所规制的非法集资行为之中。因此，目前依据我国刑法的规则体系，以欺诈方式通过捐赠众筹募集资金的行为，只能以侵害财产类罪名对该行为进行规制，而不能适用集资诈骗罪。

（二）互联网金融领域中集资行为的入罪标准

完善非法集资规制方式，能更加明确地将目前通过互联网金融平台进行的集资行为有效划分出罪与非罪的界限。以互联网金融业务直接相关的金融监管规定作为集资行为非法性判断的标准，刑法的规制范围也将得到合理限制。

1. 集资者违反金融监管规定的集资行为

互联网金融监管部门规定了互联网金融的从业者行为，也对互联网金融平台的集资者提出要求。因此，刑法在认定集资行为是否具有非法性时，应当对集资者是否违反相关规定进行分类评价。

（1）违反网贷平台监管规定的集资行为

《网贷暂行办法》第十三条规定，通过网贷平台进行的集资活动不能包括欺诈借款、多平台重复性借款以及同项目重复性借款。这一规定禁止集资人进行欺诈集资、重复性集资和多平台集资的行为，而进行这些形式的集资行为，就具有违反金融管理秩序的性质，符合刑法所规制的非法集资行为的非法性。集资人通过在网贷平台发布虚假的投资信息，尽管其非法占有目的未实现，但并不代表其行为没有造成损失。虚假的项目存在，使得其他通过网贷平台或众筹平台搜索项目，进行投资选择的人为排除虚假信息付出了大量的搜索时间和对其虚假信息进行排除的行为。而这些行为本身是由于虚假信息发布造成的，搜索引擎并不能进行真假辨析，只能通过一些标准化的参数项进行选择，以实现过滤信息的目的。而目前搜索项目时的习惯选项，除了信用等级、项目投资额、预期回报率和有无担保外，基本没有其他过滤项目可供投资者选择。而发布虚假项目的投资者充分利用这一条件，针对投资额、回报率进行多人多项目发布。这一行为不仅阻碍了其他投资者的有效投资，增加了投资成本，也阻碍了其他合法融资者吸引融资。

《网贷暂行办法》第十七条规定，将通过网贷平台进行融资限定在小额集资为主要形式。网贷的融资者一般都缺少有效的增信措施，如很多创业者开展项目缺乏资金，又没有能进行有效抵押的财产，而且这些融资者的项目由于刚起步，业务开展困难，虽然有盈利预期，但是还要考虑未来发展和闲置期等因素，使得本身就缺乏竞争力的融资者更加难以进行融资。网贷平台可以利用技术手段对集资者身份的真实性进行核实，并且不需要投入较高的成本就可以实现，但是对于项目的真实性的核实就要投入大量成本。这也是目前很多网贷平台通过线上加线下的模式运营成本较高的原因。从网贷平台等金融互联网机构设立的初衷来看，通过互联网的方式实现金融脱媒、降低融资成本是这一新兴行业发展的核心优势，而纯线上进行融资交易服务无疑是这一模式发展的目标。目前，虽然也存在一些平台在开展纯线上业务，但平台面临的问题除了经济形势本身导致的违约率较高之外，以骗取财产或骗用财产为目的的项目管理成为每个平台管理者面临的共同难题。由于网贷平台数量庞大，监管又正在逐步完善中，使得通过平台管理漏洞发布虚假融资信息骗取资金的行为缺乏强有力的治理措施。虽然刑法规定了侵害财产行为的相关犯罪，但由于犯罪人主观上需要具有非法占有目的，而非法占有目的的证明在实践中又十分困难，骗用资金的犯罪又不能以诈骗罪定罪处罚。这就使得大量通过发布虚假的增信或项目将资金用于高风险项目投资，或者将高风险项目进行降风险化包装骗得资金的行为无法被有效惩治。因此，刑法应当将违反网贷平台监管义务进行虚假融资等非法集资行为纳入刑法规制范畴。

（2）违反股权众筹监管规定的集资行为

股权众筹集资属于被证监会监管下的，以向投资人转让股权为形式的，以股权众筹平台为媒介进行集资的行为。因此，如果集资人违反相关的监管要求则可被认定集资行为具有非法性。在《私募众筹意见稿》第十三条中，监管机构对集资人发布集资信息的禁止性要求，包括禁止欺诈、禁止最低收益和本金保证以及禁止同项目重复性集资等。虽然股权众筹被定义为向特定的合格投资者进行的私募集资。但实际上，在股权众筹平台的宣传中，所有登录平台的人依然能看到项目的名称，只是看不到具体的投资协议，所以，它依然属于以半公开的方式进行宣传。因为众筹平台作为一个互联网平台，如果集资完全封闭，就失去了互联网金融的行业优势。所以，监管部门目前并没有明令禁止众筹平台对于自身的宣传以及这种半公开的项目宣传，只是规定了对具体投资人必须为实名的合格投资者。因此，监管部门实际采取了以是否向特定投资者进行集资来确定集资行为是否属于公开的判断标准。虽然在《私募众筹意见稿》的第十二条中也规定了集资人不能通过公开方式进行证券发行，但笔者认为此处的公开是指通过众筹平台或以外的渠道向非合格投资者进行集资的行为，而并不指在众筹平台上的公开。股权众筹集资的监管要求还提出，集资人必须为中小微企业或其发起人，这就使得如果集资人不符合规定的主体要求，就不能采取股权众筹的方式进行集资。

由此可见，集资者通过股权众筹集资可触及非法集资的方式有两个，一个是主体身份不符合，另一个是发行方式违反监管规定。因此，刑法在判断股权众筹的集资行为是否具有金融违法性时，应主要以这两个要素作为判断标准。除了形式上要符合这些条件之外，股权众筹监管规则还结合证券法和公司法中关于公司股东数量的规定，要求集资完成后集资者股东人数不得超过200人。综上，刑法在认定股权众筹集资方式的集资行为是否属于非法集资时，应先判断该行为是否违反股权众筹监管的具体要求，从而体现刑法的谦抑性。

2.互联网金融平台违反金融监管规定的集资行为

当前大量爆发的互联网金融领域的非法集资案件中很多是由于金融平台违规从业导致的。监管部门也在加快完善互联网金融行业的相关规定，进一步明确互联网金融平台作为金融信息中介的角色定位。因此，刑法通过改变非法集资行为的非法性认定标准，对金融平台所实施的集资行为的认定也做出了改变。

（1）网贷平台实施的非法集资行为

《网贷暂行办法》第十条规定了网贷平台不能涉及的业务活动，在禁止网贷平台开展的业务当中包括平台为自身或关联方集资、为集资项目虚假宣传、接受具体借贷资金、向非实名用户推介项目、对集资项目进行拆期以及混合经营等。网贷平台所实施的虚设项目进行自融以及为平台集资人进行虚假宣传的行为，都是违反互联网金融监管规定的行为，具有集资的违法性。这一结论也与《非法集资适用意见》中司法部门所认为的"为他人向社会公众非法吸收资金提供帮助，从中收取代理费、好处费、返点费、佣金、提成等费用，构成非法集资共同犯罪的，应当依法追究刑事责任"的观点保持了一致。

但却并不能把债权转让业务一律视为刑法所规制的对象。首先，依据合同法等相关法律规定，债权人有权对其依法享有的债权进行转让。这就从交易产生的基础上保证了债权转让业务的合法性。其次，网贷平台相关监管规则并不反对将债权进行拆分金额操作。对债权的拆分金额的操作，从集资者集资的总额上看，并没有实质性的改变（如集资目的、履行债务期限、集资金额）。最后，网贷平台对债权期限拆分的操作，是对集资行为的实质性变更。金融行业所涉及的很多"资金池"都是通过资金的期限错配而产生，也正因为如此才被监管部门明确禁止。①

---

① 虽然实务中存在债权转让行为被认定为非法集资犯罪的案例，但大多数案件并非属于互联网金融业务行为，而仅为通过互联网宣传在线下进行集资的行为。可参考湖北省武汉市中级人民法院（2020）鄂01刑初155号刑事判决书。

因此，对于网贷平台所进行的债权转让业务和拆分集资金额帮助集资的行为并不违反互联网金融监督的规定，不应被纳入刑法的规制范畴。对于网贷平台为直接实现集资或帮助实现集资为目的进行的拆分期限行为，由于本身违反互联网金融监管规定，符合刑法规制非法集资所要求的违法性而应当进入刑法的规制范围。

（2）众筹平台实施的非法集资行为

股权众筹平台被要求必须满足最低注册资本500万元以上的条件，股权众筹平台也被要求禁止从事更多的具体业务行为，包括：禁止为平台或关联方自融；对众筹项目提供对外担保或进行股权代持；提供股权或其他形式的有价证券的转让服务；利用平台自身优势获取投资机会或误导投资者；向非实名注册用户宣传或推介融资项目；从事证券承销、投资顾问、资产管理等证券经营机构业务，具有相关业务资格的证券经营机构除外；兼营个体网络借贷（即P2P网络借贷）或网络小额贷款业务；采用恶意诋毁、贬损同行等不正当竞争手段等。由此可见，目前平台通过设立项目为自身集资等行为，符合刑法对于非法集资的认定标准。因此，违反众筹监管规定所禁止的事项，属于刑法所规制的非法集资行为。

二、非法集资行为的刑法规制方式的展望

以非法吸收公众存款罪等存款类罪名规制非法集资行为的方式，由于存在对刑法条文过度解释而超出国民认知的问题，受到了学者们的批判。如果未来证券概念得到扩大，监管部门对非法集资行为规制方式及适用的罪名将会随之做出改变，非法集资行为将会被视为违反证券类监管规则的行为。

（一）未来证券概念的扩展与非法集资监管方式的改变

2015年，在证券法修改审议过程中，有立法者提出将证券概念进行扩张。虽然该修改意见在最后没有转变为立法，但笔者认为，证券概念的扩张将会是本行业改革的必然方向。

1. 证券概念修改的探索与借鉴

我国于1999年制定《证券法》时借鉴了美国的监管方式，实行了金融行业的分业经营、分业监管模式。按照金融产品保障、储蓄和投资功

能的基本分类，建立了"一行三会"为代表的金融监管体制。而我国刑法的司法解释对于非法集资的定义来源于中国人民银行的规定。根据我国现行《证券法》第二条规定，证券包括股票、公司债券、存托凭证和国务院依法认定的其他证券。2019年12月，《证券法》修改后虽增加了存托凭证类证券，但笔者认为，未来我国在证券的概念方面可以做出更大范围的调整。如在2015年4月，提交给全国人大常委会审议的《中华人民共和国证券法（修订草案）》（以下简称《修订草案》）中，也曾出现修改证券的概念的立法尝试，将证券的概念改为代表特定的财产权益，可均分且可转让或者交易的凭证或者投资性合同。[1]理论界也有很多学者在研究如何完善我国的证券概念问题，并提出修改证券的概念。[2]

　　将证券概念的表述方式进行扩张的做法并非我国独有，也存在于美国证券概念的相关规定和判例中。美国证券法对于证券的定义具体规定在其1933年《证券法》第二节第一部分中。具体规定为："'证券'一词是指任何票据、股票、国库券、债券、无担保债券、任何利润分享协议的利息或参与证、从属信托证、公司设立前的证书或认股证、可转让股权、投资合同、表决权信托证、存股证、石油、天然气或其他矿藏权利的未分割的部分利益，任何证券、存款证、一组证券或指数（包括任何利益或基于价值所生利益）的任何卖出期权、买入期权、跨期买卖或优先权、在全国性证券交易所交易的与外汇相关的任何卖出期权、买入期权、买入卖出选择权或优先权，或者总而言之，通称为'证券'的任何利益或工具，或上述任何一种的利益证书或参与证书，或上述任何一种的暂时或临时证书，或接收、担保、认购或购买的授权或权利证书。"[3]

---

　　① 此表述出自2015年4月交全国人大常委会审议的《中华人民共和国证券法（修订草案）》第三条。

　　② 如邢会强：《我国〈证券法〉上证券概念的扩大及其边界》，《中国法学》2019年第1期，第244页；姚海放：《论证券概念的扩大及对金融监管的意义》，《政治与法律》2012年第8期，第22页；等等。

　　③ [美]托马斯·李·哈森：《证券法》，张学安等译，中国政法大学出版社2003年版，第24页。

依据美国证券法中的证券概念表述，我们可以发现美国对证券的认定远超过我国此前《修订草案》中探讨的证券概念的范围。"可均分且可转让或者交易的凭证"则是资产证券化的特征，如大额贷款合同通过"贷款分割"的形式将贷款进行标准化份额化交易。[①]

《修订草案》第三条中所用的"投资合同"与美国证券法中所定义的投资合同不同。美国证券法判定投资合同是否属于证券，主要是依据1946年美国证券交易委员会（SEC）诉Howey一案最高法院对于投资合同的评述。该案件成就了美国证券法判断投资合同的著名"Howey检验标准"。根据这一检验标准，一个投资合同能否被视为证券要通过四个特征进行检验，即是以货币进行的投资，且投资于投资人与融资人相关的共同事务，投资者对于此投资有获利的期望，投资的收益完全来自融资人的努力。[②]《修订草案》中证券概念对投资合同是否属于证券的判断则是依据该合同是否代表特定财产权益和是否可均分交易或转让。

未来我国如果按《修订草案》调整证券的概念，那么证券将会是以"特定财产权益"和"可均分转让"为特征的投资合同，并不是完全照搬美国"Howey检验标准"。"Howey检验标准"要求投资合同是以货币进行，并且投资收益完全来自融资人的努力，但在期权交易中，投资人的收益并不完全来自融资人的努力，也来自市场的价格波动。因此，按《修订草案》所修改的证券概念能将如期权等形式投资合同包含其中，较美国证券法通过投资合同认定证券的范围要宽。[③]

笔者认为，证券概念的扩展并非越宽越好，要适应我国的资本市

---

① [美]弗兰科：《证券化：美国结构融资的法律制度》，潘攀译，法律出版社2009年版，第4页。

② [美]托马斯·李·哈森：《证券法》，张学安等译，中国政法大学出版社2003年版，第25页。

③ 笔者并非认为美国证券中不包括期权。美国证券法规是通过先对证券具体列举再进行抽象概括的方式，期权等金融衍生品已经通过列举的形式规定在其证券范围之内。

场，不能盲目模仿其他国家。我国未来可参考《修订草案》对证券的概念进行适度调整。

2.证券概念的修改对互联网金融领域的集资行为监管的影响

（1）股权众筹方式的集资行为将属于公开发行证券

股权众筹的募资方式是以互联网进行公开推介的，并不属于传统意义上的私募。通过互联网众筹平台进行股权交易，应当属于公开的交易方式，即使是向作为合格投资者的特定募资对象发出交易，依然属于公开的范围。《私募众筹意见稿》将股权众筹的基本形式限定在私募范畴内的集资。如果将证券概念进行调整，并添加通过证券经营机构或者国务院证券监督管理机构认可的其他机构以互联网等众筹方式公开发行证券，发行人和投资者符合国务院证券监督管理机构规定的条件的，可以豁免注册或者核准的条款，将使得股权众筹业务模式发展为公开发行且可豁免注册或核准的证券。笔者认为，未来证券概念的扩大和证券发行制度的改变将是我国金融行业发展的趋势。

（2）网贷平台集资的行为将属于发行证券行为

如果未来证券法概念将进行扩张并对发行制度进行完善，以众筹方式发行证券可进行注册或核准豁免。但是网贷平台的交易并没有被收入其中。网贷平台目前已经发展出债权转让的二级市场，并且其监管规则已经认可非拆期债权行为的合规性。如果在证券的概念做出调整后，网贷平台上形成的债权可以被认定为证券，即代表特定债权人享有的债权，且此债权是可以均分转让的，而债权设立的方式也是通过借贷性质的投资合同确认。虽然目前监管部门对网贷平台的业务方式定位是互联网金融服务中介，但如果证券法进行调整，网贷平台的角色也将随之发生变化。

（二）未来可能会形成以证券类罪名规制非法集资行为的模式

如果证券概念得到扩大，将使得目前刑法所规制的大量集资行为归于证券类集资行为。当集资人所签订的是可均分且可转让或者交易的凭证或者投资性合同进行集资时，集资行为将可以被评价为发行证券的行为。刑法对互联网金融领域的非法集资行为的具体规制模式，也将因证券概念的扩大而发生变化。刑法对非法集资的规制方式将会从以非法吸收公众存款罪为核心适用罪名，转变为以欺诈发行证券罪、擅自发行证券罪等证券相关罪名为核心。

1. 股权众筹集资将涉擅自发行证券罪

按《私募众筹意见稿》的要求，股权众筹集资行为归证券会监管。证券法未来可能将股权众筹形式发行证券设置注册或核准豁免的条款，更加明确股权众筹集资行为属于证券类集资行为而非银行存款类集资行为。因此，刑法对股权众筹集资行为将以证券类罪名定罪，而不再适用非法吸收公众存款罪。如当集资人以欺诈方式在股权众筹平台发行证券，则以欺诈发行证券罪定罪处罚。如果集资人违反股权众筹证券发行注册或核准豁免规定，或者其他证券监管规则，则可以以擅自发行证券罪进行规制。

2. 网贷平台集资犯罪的定罪问题

《网贷暂行办法》是由中国银保监会、工业和信息化部、公安部、国家互联网信息办公室共同制定发布的，可见我国网贷的主要监管机构是银保监会而非证监会。在美国，网贷平台和网络贷款则由证券法规规制，如美国Lending Club平台的借贷就被界定为一种债券。①如果未来证券法概念进行修改，集资者通过网贷平台形成的债权投资合同也将被视为证券，通过网贷平台发布集资的行为就是一种发行证券的行为。根据笔者在本书后文中对存款合同的阐述可知，通过网贷平台建立的借贷关系并不是存款合同关系，因此，通过网贷平台进行集资的行为也并不受银行业金融监管规定限制。那么刑法对此集资行为的规制，就将适用证券相关罪名，而不再适用非法吸收公众存款罪。如当集资人以欺诈方式发行证券，则可以被认定为欺诈发行证券罪。如果集资人违反证券法未来可能对网贷平台规定的注册或核准豁免规定，或者其他证券法发行证券的规则，则以擅自发行证券罪进行规制。

---

① 訾达：《中美P2P平台运营模式比较——以有利网和Lending Club为例》，《金融经济》2015年第18期，第63页。

目前很多网贷平台通过制造虚假项目，先将资金汇集再由其进行转投资，如e租宝涉及的集资案件等。《指导意见》和《网贷暂行办法》将网贷平台定义为互联网金融中介，网贷平台自有资金与投资人的项目资金必须分离，通过合作银行进行委托管理而不能自己持有。此种集资行为违反禁止平台发出投资合同进行自融的证券监管规定，可能构成擅自发行证券罪。同时作为提供债权交易的平台，网贷平台可能因发布虚假融资信息诱惑或误导投资人购买虚假的投资合同，而构成诱骗投资者买卖证券罪。笔者认为如果不涉及侵害财产犯罪，则此类集资将可能涉及诱骗投资者买卖证券罪、欺诈发行证券罪和擅自发行证券罪的想象竞合问题。如果涉及集资人通过欺骗方式进行集资，则发生法条竞合对其以集资诈骗罪定罪处罚。

3. 捐赠众筹集资的定罪问题

《非法集资解释》并未明确回报是否限于财产属性，使得捐赠众筹方式的集资行为可能涉及非法集资问题。依照《非法集资解释》制定者的观点，募捐集资并不具有财产回报性，并不属于刑法所规制的非法集资行为。从目前监管部门的规制方向中，并没有将开展捐赠众筹为专营业务的众筹平台纳入监管范畴。笔者认为捐赠众筹本身并不能让投资者盈利，其属于公开向不特定对象集资行为，但捐赠人与集资人直接订立的是赠与合同而非投资合同，合同的性质并不会因证券概念扩大而改变。因此，在金融监管部门对捐赠众筹并不做特别规制的情况下，刑法将只对涉及通过捐赠众筹平台骗取捐赠的集资人以侵害财产类罪名处罚。

4. 回报众筹集资的定罪问题

回报众筹具有特定财产权益（具有收取回报的权益），且投资的众筹回报是可以进行转让的（是否可均分则需依具体项目）投资合同。因此，部分回报众筹集资行为可以被修改后的证券法认定为发行证券的行为，需遵守相关的证券监管规则。如果集资人违反发行证券的相关规定发布回报众筹项目进行集资，那么刑法将可能以擅自发行证券罪或欺诈发行证券罪对其进行定罪处罚。

（三）恢复非法吸收公众存款罪的惩治功能

当前我国刑法对非法集资的规制方式是以非法吸收公众存款罪为基础罪名。笔者发现目前大部分非法集资的案件在定罪时对存款和资金的认定并不加以区分，很多判决中也存在将存款和资金混用的情况。而这一现象是由于《非法集资解释》借鉴《取缔办法》并将非法吸收公众存款解释为吸收资金行为，但司法机关又没有将吸收资金限定为建立存款关系所导致。随着未来证券法的修改，非法吸收公众存款罪将不再是刑法规制非法集资行为的主要罪名。规制非法集资的行政法规也会进行修改，以适应新的证券概念和监管规则。笔者认为，资金和存款并不能等同，存款是资金在银行存款合同中的特称，而资金可以被视为所有货币形式，二者之间是种与属的关系。因此，向社会公众吸收资金和向社会公众吸收存款并不能混用。非法吸收公众存款罪的条文表述让一般民众很自然地想到银行揽储揽存的行为，而非《非法集资解释》中所列举的各种吸收资金的行为。司法者采取的方式是通过对变相吸收存款进行扩大解释，使之能涵盖所有非法集资行为。这种解释方式的目的可能是为了便于罪名的适用减少竞合问题，但实际上过度解释非法吸收公众存款罪，并不符合刑法合理规制非法集资行为的要求，也有悖于罪刑法定原则。这种解释方式也与立法者惩治非法从事银行吸收存款业务行为的立法目的不符。即便司法机关对非法吸收公众存款罪进行扩大解释，也难以将所有非法集资行为概括其中，这是由存款是银行业的专属概念所决定的。

1.吸收存款是专属于银行业的概念

由于我国当前采取以非法吸收公众存款罪对非法集资行为进行刑法规制，这使得对于存款以及存款的权利归属逐渐被众多学者所关注。目前，关于存款的归属问题，存在存款人所有说和银行所有说。

有的学者提出，存款是指存款人将货币存入银行从而换取银行债券的方式，认为存款中体现的是物权，可要求付款的权利是债权。银行与存款人之间订立的存款合同是一种消费寄托合同。银行通过该合同享有存款的所有权，并承担以同种类物品履行返还义务。①按照传统大众对存款关系的认知，银行的存款归属于存款人的名义占有，存款人将货币存入银行并不当然失去存款的所有权，存款依然归存款名义人占有。②关于存款的归属问题，早在1954年《中华人民共和国宪法》第十一条就明确规定，国家保护公民的合法收入、储蓄、住房和各种生活资料的所有权。《刑法》在第九十二条第一项中也规定，对于公民私人所有的财产是包括公民的合法收入、储蓄、房屋和其他生活资料。对于储蓄的解释可以参照我国《储蓄管理条例》第三条的规定，即储蓄是指个人将属于其所有的人民币或者外币存入储蓄机构，储蓄机构开具存折或者存单作为凭证，个人凭存折或者存单可以支取存款本金和利息，储蓄机构依照规定支付存款本金和利息的活动。通过上述法律规定我们可以看出，无论是作为我国根本法律的宪法还是专门规制犯罪的刑法，都认为存款实际上是一种所有权。之所以会存在不同归属的认定，是由于货币以及存款的概念发生了变化，使得学者们对于原本的财产概念产生了不同的认知。

因此，笔者认为明确存款是否属于存款人所有是在研究存款诈骗时的重要问题，并应当结合当前对于存款与货币的概念发展与存款合同的梳理，明确存款人与存款的关系。

（1）存款与货币认知的不同

作为存款的货币是特指银行与存款用户之间的资金存放的特称，一般表现为存款账户的账户余额（以区分于信用余额），可用于存款人的转账结算。基于一般人对存款的认识，存款是指存款人将资金存放在银行，由银行代为保管。而实际上，存款人所存于银行的资金并不是静态

---

① 有的学者直接将之称为存款债权。张明楷：《刑法学》（第五版），法律出版社2016年版，第931页。有的学者则援引民法学者的观点，认为是消费寄托合同，黑静洁：《存款的占有新论》，《中国刑事法杂志》2012年第1期，第49页。

② 有的学者对此进行了说明，并结合日本刑法理论中存款占有人进行评述，并认为存款主要由存款名义人占有。黎宏：《论存款的占有》，《人民检察》2008年第15期，第21页。

的存放不动的状态，因为货币不流动并不能产生法定孳息。因此，银行以支付与存款人约定的存款利息为目的，需要对存款人存放的货币进行使用。同时为了防止银行的资金都用于贷款或投资而导致存款人要求银行转账结算等行为时无钱款可付，由此产生了银行存款储备金制度。所以实际上，存款人所拥有的存款就变成准所有，从外部表现为存款人享有银行所持有的可支付转账的货币符号。

随着日常生活中支付方式的多样化，如刷卡支付、移动客户端结算等，进一步加强了货币的符号化。货币已从我们所认为的真金白银，演化为一种抽象意义上的功能化符号。以我们所用的人民币为例，它是由中国人民银行发行并由我国政府认可的，以国家和政府信用为流通性保证的货币，它会随着国家的经济发展、政治稳定情况、对外交往情况等方面影响其支付能力和流通性，而不再是类似于与1盎司黄金挂钩的货币形式。因为与黄金挂钩的实际上是一种代金支付的货币。货币本身的价值只与黄金本身的价值挂钩，只要黄金的交易价格不发生变动，那么从逻辑上，货币的价值也不应当发生变化。近几年被反复提及的黄金期货和现货交易所导致的黄金价格波动，按照货币与黄金的关系就应当会导致货币的价值或支付能力等发生波动。但实际上，货币从汇率和日常支付能力上，并没有同黄金市场一样出现大幅的波动，由此可见，我们当前的货币已经渐渐从货币价值本身，转为其所代表的支付功能的符号。

（2）存款的占有与所有权可以分离

存款是一种抽象的所有权。银行与存款人之间约定银行可以对存款人存储的货币进行使用，并承担按存款期限支付利息的义务。存款的所有权是指，存款人享有要求存款银行支付一定数额货币的抽象所有权，而非具体哪些纸币的所有权。银行与存款人在建构存款关系时，所涉及的付款货币只是观念上、抽象的货币，而不能是具体的哪几张纸币。此时，存款单、存折等凭证是通过存款关系建立的一种特殊的物权凭证，代表存款人可以以此凭证享有要求存款银行兑换等额的货币的权利。

民法上一般对于动产物权的公示方式是占有，而产生动产物权变动的方式则是交付，这也被认为是物权领域所确立的动产物权公示公信原则的基础内容之一。但实际上，我国现行法律中并没有规定占有即可推定为所有的规则。但通说认为，作为种类物之货币归属一律适用"占有即所有"原则，具体表述为："由货币的性质和职能所决定，货币的所有权不得与对货币的占有相分离。凡占有货币者，不分合法、非法，均取得货币所有权；凡丧失对货币的占有，不论是否自愿，均丧失货币所有权；接受无行为能力人交付的货币，也取得货币所有权；将货币借贷他人或委托他人保管，亦由借用人或保管人取得货币所有权；货币被盗或遗失，亦由盗窃者或拾得者取得货币所有权；通过骗取货币偿还债务的行为，亦由接受清偿的债权人取得货币所有权。"[1]对于货币，不适用《民法典》第二百三十五条关于原物返还请求权的规定和第四百六十二条关于占有恢复请求权的规定，丧失货币所有权的人，只能根据合同关系、不当得利制度或侵权行为制度获得救济。此外，货币亦不适用善意取得制度。有的学者提出，货币是种类物，流通性是其属性，在一般情况下适用"占有即所有"原则，但在特定情况下，如果货币具有特定化表征，则不能简单地适用"占有即所有"原则。为了维护交易市场的安全，对于货币和有价证券应充分维护其流通性，只有对于被特定化的货币，且该货币在占有人处时，才可以提出对于货币的所有物返还请求权。[2]学者纪海龙认为，根据《德国民法典》第一千零六条"为动产占有人的利益，推定其为物的所有人"及相关案例，在经多次转移占有的交易和所有权人诉占有人的案件中，占有经多次转让的财产的权利人通过占有推定防止前手的任何一个权利人主张所有物返还。而对于主张对物享有所有权的人，如果简单适用谁主张谁举证的规则，那么原告必须证明自己是动产的所有权人。为减轻占有人对于物权来源的举证责任，即

---

① 梁慧星：《民法总论》（第四版），法律出版社2011年版，第156–157页。

② 其木提：《错误转账付款返还请求权的救济路径——兼评最高人民法院(2017)最高法民申322号民事裁定书》，《法学》2020年第2期，第70页；其木提：《货币所有权归属及其流转规则——对"占有即所有"原则的质疑》，《法学》2009年第11期，第60页。

占有人不需证明其前手交易人的权利来源。[1]占有虽非权利，但是其为一定权利或利益的外在体现，同时体现为一定的财产秩序。占有是对物的事实支配，占有可否确定，完全以此种事实支配能否维持加以判断。[2]

采取占有即所有的方式对待货币的占有并不合理。首先，我国并没有明确占有即所有的货币所有权推定，从规则的适用性来看，目前我国现行法律没有明确关于货币所有权的推定。其次，所有权并不必须视为一个密不可分的整体。如生活中经常出现的商品房买卖关系中，房屋的产权登记和交付使用并不是同时进行的。最后，2012年《最高人民法院关于审理买卖合同纠纷案件适用法律问题的解释》（以下简称《买卖合同解释》）第三十四条明确提出，当事人可以通过约定做出所有权保留的处分行为。虽然当事人可以依据合同取得标的物的占有、使用和收益等，但原权利人仍依据合同约定享有对该标的物的所有权。可见，动产的占有与所有权并非牢不可分。

（3）存款中货币的归属与一般债权不同

如上文所述，存款关系不同于一般借贷关系，它通过存款人与银行的特别约定而处分货币。银行通过存款关系取得的货币由于存款合同的存在并不享有可以对抗存款人的所有权。通过货币抽象化和观念化发展的分析，结合当前货币的占有与所有的可分离化理论，笔者认为，我国存款合同关系可视为一种设置了所有权保留的约定，是一种将货币出借给银行并约定由银行支付使用货币费用的关系，且银行并不能对存款人主张对该笔货币享有所有权的关系。

所有权保留是指买卖双方约定，买卖合同生效后，出卖人之标的物所有权附条件地转移于买受人的制度，即交付并不转移所有权，而是将占有和用益转移于买受人。这是对我国规定的"交付转移所有权"之物

---

① 纪海龙：《解构动产公示、公信原则》，《中外法学》2014年第3期，第701-702页。

② 冉克平：《论〈民法典〉视阈中的占有保护》，《烟台大学学报(哲学社会科学版)》，2020年第5期，第9页。

权变动模式的例外，功能在于实现出卖人价金请求权或者其他目的。①根据《买卖合同解释》对于动产物权处分可以约定所有权保留的相关法条的理解，对于作为动产之一的货币也可以进行所有权保留的约定。通过最高人民法院对所有权保留合同的具体适用规则，可以从以下两个方面对货币所有权保留的约定进行理解。

首先，存款的所有权属于存款人。《储蓄管理条例》第五条规定："国家保护个人合法储蓄存款的所有权及其他合法权益，鼓励个人参加储蓄。储蓄机构办理储蓄业务，必须遵循'存款自愿，取款自由，存款有息，为储户保密'的原则。"当事人对于财产所有权的取得可以通过当事人约定而予以限制。当事人可以约定货币交付并不产生所有权的转让，而只是使用权的转让，这一行为并不违反法律的规定。尤其在信托投资公司对信托资金的使用中，信托公司并不享有信托资金的所有权，虽然其在对信托资金的使用过程中会对资金进行转让，但应当认为其转移的只是信托资金的使用权。当信托资金从信托投资的交易对手返回到信托公司时，也并不当然享有信托资金的所有权。从信托公司固有资金与信托资金严格分别记账管理、信托资金不得与信托公司固有资金交易等相关法律法规的设置上也可以看出，信托公司只是依受托人委托约定而运用资金。通过受托人运用信托财产所得收益依约定归受益人所有，而受托人只依约定享有收取信托报酬的权利，也可以看出受托人对于信托资金只享有运用的权利。

在当事人约定货币的占有人只拥有使用权时，其约定只限于当事人之间，对于资金占有人运用资金的交易对手则不适用。即当资金占有人依约定运用资金所取得的收益依然由资金占有人收取，而不能由资金所有人收取。这样处理同时符合资金所有人与资金占有人之间、资金占有人与第三人之间两份约定的相对性，即合同约束力只存在于契约订立人之间。当事人对于货币所有权保留的约定是双方当事人内部约定，其效

---

① 李永军：《所有权保留制度的比较法研究——我国立法、司法解释和学理上的所有权保留评述》，《法学论坛》2013年第6期，第12页。

力不及于善意第三人。由于货币的权利价值大多来自流通，因此资金的占有人使用资金时，大多数时间都是会将资金进行移转交付。而第三人基于对物权公示效力认定货币的占有人为有权占有，并与资金占有人进行交易等活动。如果原货币所有人不认可占有人的使用，则占有人对货币的处分属于无权处分，第三人依据善意取得制度而取得资金的所有权从而对抗原货币所有人。一方面保护了货币的流通性，另一方面也不会出现与信托法等法律法规相冲突的问题。

其次，银行拥有存款人存入货币的使用权。我国在物权变动方式上主要采取的是债权形式主义。《民法典》第二百二十四条规定："动产物权的设立和转让，自交付时发生效力，但是法律另有规定的除外。"可见，动产物权变动发生效力的例外仅包括法律规定而没有包括当事人之间的约定。因此，所有权保留的约定并不阻碍第三人合法地从财产占有人处取得财产的所有权，该约定仅是作用于所有权保留约定之人。

存款的所有权并不指向固定的纸币，而是抽象的财产权利。银行与存款人对存入货币的使用并按约定条件返还的设定，使银行可以使用存入的货币。从货币归属层面来看，银行持有的货币，其中一部分货币是银行作为独立金融机构的自有财产，另一部分货币则是持有存款人存入的、可使用的财产。银行对后者不享有所有权，银行中储户的个人存款账户和银行自有账户的货币，虽然都受银行调度使用，但并不等同于银行可以主张对存款账户的货币享有所有权，仅有权约定占有和使用。

存款货币是存款人享有所有权并不是一种独特的现象，我国其他法律条文中也存在着可以进行所有权保留约定的条款。如《民法典》第二百二十五条规定："船舶、航空器和机动车等的物权的设立、变更、转让和消灭，未经登记，不得对抗善意第三人。"船舶、航空器和机动车从财产属性上均属于动产，而动产物权变动自交付发生效力，当船舶、航空器和机动车经交付而取得财产的占有即享有所有权，而登记与否并不影响物权变动。关于货币的所有权保留的约定并不能完全按照船舶、航空器和汽车等特定物的约定进行设定，应从种类物的角度设立较为抽象的所有权保留关系。如存款人甲将30万元纸币存入乙银行后，乙银行将此30万元纸币贷给借款人丙。当贷款合同到期时，丙将30万元纸币和约定利息还给乙银行时，存款人甲并不能直接对丙还入的30万元纸币主张所有权，而是只能向银行要求依存折兑换30万元纸币。即便存款人最后所拿到的可能是丙还给银行的同批纸币，但从权利设置的角度，存款人与银行之间的交易只能设定抽象的货币，而不是具体的货币。

基于以上理由，笔者认为，将存款合同认定为一种约定所有权保留的合同，对于货币存款可以约定所有权保留符合我国当前法律法规，也符合我国当前国民的一般认识和交易习惯。

2. 对非法吸收公众存款罪的解释应符合立法目的

通过上文对存款概念和存款合同关系的特殊性进行的讨论，我们可以发现"存款"一词是在具有特别含义和特殊法律关系中才涉及的特有概念。最高人民法院发布的《非法集资解释》中，大量通过"资金"替换掉了"存款"进行法条解释，但其将存款关系的特殊性进行弱化的解释方式并不妥当。笔者通过调查发现，目前我国被以非法吸收公众存款罪定罪处罚的案件，几乎都是以变相吸收存款的形式存在的。

司法解释将"变相"解释为合法形式掩盖非法目的的非法吸收公众存款的行为后，就会将此类行为认定为非法从事银行业务扰乱金融秩序的行为。虽然此解释扩大了定罪范围，但没有做出过度的、超出一般人认知的理解。但将吸收"存款"一词的含义扩展到所有的募集资金的行为，将使"变相吸收存款"等同于"变相吸收资金"等行为，最终使非法吸收公众存款罪无法正确规制原刑法所打击的、特定的金融犯罪行为。以司法解释中列举的"以投资入股的方式"为例，"投资入股"与"存款"这两个行为方式，一个是股权投资，另一个是金融机构存款。从监管机构上来看，前者归证监会监管，后者归中国人民银行和银保监会监管。这两个行为分属于不同的监管机构监管，但按照司法解释的标准，会失去该行为在各自领域监管规范设立的独特的法秩序。

由此我们不难看出，通过投资股权方式集资和通过吸收存款方式集资二者分属不同的领域，并不存在互相替换的合理空间。司法解释中，除了在涉及罪名时采用"吸收存款"外，其他部分都采用了吸收资金的表述。司法解释者通过将"存款"替换为二者的上位概念"资金"，是无视行为背后所特有的金融法秩序的做法。这种形式的解释方式超出了法律用语的文义，更接近类推解释，而不是扩大解释。

根据《刑法》第一百七十六条非法吸收公众存款罪的法条表述，非法吸收公众存款罪是指非法吸收公众存款或变相吸收公众存款，扰乱金融秩序的犯罪行为。此罪名的行为方式为非法吸收公众存款和变相吸收公众存款。而非法吸收公众存款行为和变相吸收存款行为表述之间最大的区别在于，以"变相"代替了"非法"。这样的解释就会使人们在判断行为的性质是否一定具有非法性时产生歧义。

通过文义分析，非法吸收公众存款行为是一种吸收存款的行为，且该行为方式违反了存款相关的法律规定。变相吸收公众存款也是一种吸收存款的行为，则并不一定违反存款相关的法律规定。扰乱金融秩序定位此罪名为行政犯（或法定犯），须以行政违法性作为前提，那么变相吸收存款是否具有违法性则是关键。通过笔者对部分案例的调查分析得知，实践中以变相吸收公众存款的形式被认定为此罪的案件较多，有的表现为通过设立公司，以大股东身份再向一般民众借款或拉拢投资合作的形式。作为被吸收存款的公众而言，根据民法的相关法律规定，个人有权将自己合法所有的财产进行处分。因此，此罪名的非法性并不来自被害人或资金提供者，只能来自吸收者。那么，非法吸收公众存款的非法性是违反任何法律规定，还是仅限于金融管理法律的规定，刑法的条文并没有明示。由于公司股东向一般自然人借款并不违反法律，也没有金融管理的相关规定禁止股东向其他人借款，因此实践中大量被定义为变相吸收公众存款的行为转换为非法吸收公众存款存在一定的困难。而变相吸收公众存款的行为并不能从形式上被视为非法吸收公众存款的行为，即二者并不存在当然的包含与被包含关系。在变相吸收公众存款的行为认定中，也可能会出现类推的现象，这也与罪刑法定原则的基本要求相背离。对于目前存在的各种向公众集资的行为都会被认定为非法的现象，是由于司法机关参考《取缔非法金融的通知》，并将吸收存款解释为吸收资金。由此实践中大量并不涉及金融业务的行为被司法机关认定为符合非法集资要件的行为。那么对于如何评价一个过于限制经济活动和金融活动的行政法规，并以此作为解释刑法条文的依据是否妥当，笔者认为不能单从刑法内部寻找答案。非法吸收公众存款罪的规定由于与《取缔非法金融的通知》中的非法吸收公众存款的规定相一致，使得司法者解释刑法时过于机械地理解金融法规的表述。刑法法条的理解在不脱离金融领域理解的基础上，应当符合刑事立法目的和当前分则设置的罪名体系。

《非法集资解释》第二条第一款第十一项中，将非法吸收公众存款的行为解释为非法吸收资金的行为，对于此解释是否超出了国民一般认知也值得进一步探讨。正如前文关于存款本身具有的特殊性质的阐述，笔者认为吸收存款的行为是一种特殊的法律行为，即仅指银行通过与货币持有人签订存款合同的方式，使货币持有人向银行支付货币，再由银行开具存款证明的行为。对于一般民众而言，一提及"存款"当然想到的是银行存款。"从事吸收公众存款"在我国《商业银行法》中规定的商业银行开展的业务中排在第一项，也说明存款是商业银行开展信贷、投资等业务的基础。因此，我们可以认为"吸收存款"是银行业务的基础和代表。存款人和银行通过存款合同建立存款关系是产生存款的前提。吸收存款应当以建立存款关系为基础，再实际转移货币占有。非法吸收公众存款罪也要求非法吸收存款的行为要存在存款关系。我国《商业银行法》中规定的商业银行业务范围包括从事吸收公众存款、发放贷款、从事结算业务、从事外汇业务等13种业务形式。随着改革开放的推进和金融体系的改革，我国商业银行的业务逐渐拓宽，如银行资产证券化、银行理财业务等。我国商业银行从事发放贷款等其他商业银行业务不再仅仅由商业银行独揽，无法作为银行所特有的业务类型而存在，如信托公司也可以通过发行集合资金信托计划发放贷款。目前，我国商业银行的存款业务依然是主要业务，虽然银行的存款业务采用了互联网支付方式，银保监会也要求互联网支付平台需要将资金与银行做存管挂钩，不能自己开展存款业务，但从运营方式来看，我国存款业务也在做一定程度的扩展尝试，但依然没有改变传统业务模式和金融中介的作用。

　　因此，刑法上的吸收存款也应当是在形式上符合银行吸收存款业务的行为。即使对变相吸收存款如何进行扩张也不能脱离开展银行存款业务缔结存款合同这一核心，如蚂蚁养殖案等案件中的包租吸收资金的合同无法被等同视为缔结存款关系的合同。在具体案件中，养殖蚂蚁的农户所付给蚂蚁养殖公司的资金只是养殖蚂蚁合同的保证金，合同农户获得利润的来源是公司对于蚂蚁的收购或者支付养殖劳动报酬。无论是将农户和公司之间的关系评价为劳动雇佣关系，还是将二者评价为借贷关系，都非存款关系。"吸收资金"这一用词由于不具有专业领域的限制性，使得任何金融领域涉及资金集聚都可以表示为吸收资金，通过将吸收存款解释为吸收资金也使得非法吸收公众存款罪失去区别于其他罪名的特征。如在日常生活中，自然人甲为了买车向乙、丙借款，也是甲吸收了乙和丙的货币，但签订的只是借款合同。在公司经营中，公司为了扩大经营发行公司债券，从客观上也可以被视为吸收资金行为，即公司通过向债券持有人交付债券凭证的方式，使得货币持有人向公司交付货币的行为。在实践中，司法机关对吸收资金行为的认定范围十分宽泛，也没有明确规定其是否限于银行或者金融行业。我国《商业银行法》规定，从事吸收公众存款的行为属于商业银行业务，是未经批准不得从事的行为。行为人能够从事吸收存款的银行业务必须要具有法人资格。自然人是不能被认为是银行机构的，而银行机构是经批准可以开展相关业务的公司，因此，对于个人开展的吸收公众存款的行为不能被视为从事银行业务的行为。而这一结论实际也符合一般民众对于银行本身的认识，即银行是机构而非个人。吸收资金的行为从行为主体上是被限定为法人组织的行为，但吸收资金并不仅限于法人组织而可以是普通自然人。

　　笔者认为，司法解释并不能超出法条的原意，如果超出了原意就是对罪刑法定原则的违反。如果立法者希望通过非法吸收公众存款罪来处理所有吸收资金的犯罪，那么就没有必要耗费大量的立法资源去设置其他非法集资类型的罪名。司法解释通过"吸收资金"取代"吸收存款"

的解释方式，会将原本限制从事吸收存款的银行业务行为的非法吸收公众存款罪的适用范围，从仅违反银行从业禁止的规定的违法性，扩大为任何形式的资金归集。这一解释满足了司法实务中对吸收存款行为类型扩张的需求，但模糊了非法吸收公众存款罪在刑法体系内的功能。从解释的实际效果看，将"资金"与"存款"替换违背罪刑法定原则的解释方式，使刑法条文更加模糊。因此，笔者认为应当严格遵守罪刑法定原则的要求，司法机关只能在不违背立法原意的条件下，对刑法条文进行适度解释。

参考文献

一、中文文献

（一）专著类

1. 张明楷.刑法学（第五版）[M].北京:法律出版社，2016.

2. 梁慧星.民法总论（第四版）[M].北京:法律出版社，2011.

3. 阳建勋.我国P2P网贷平台非法集资风险的法律规制研究[M].北京:法律出版社，2020.

4. 胡启忠.非法集资刑法应对的理论与实践研究[M].北京:法律出版社，2019.

5. 张明楷.诈骗罪与金融诈骗罪研究[M].北京:清华大学出版社，2006.

6. 张明楷.刑法分则的解释原理（第二版）[M].北京:中国人民大学出版社，2011.

7. 刘宪权，谢杰.证券期货犯罪刑法理论与实务[M].上海:上海人民出版社，2012.

8. 中国人民银行金融稳定分析小组.2014中国金融稳定报告[M].北京:中国金融出版社，2014.

9. 郭华.互联网金融犯罪概说[M].北京:法律出版社，2015.

10.刘宪权.金融犯罪刑法理论与实践[M].北京:北京大学出版社，2008.

11.刘宪权.金融犯罪刑法学新论[M].上海:上海人民出版社，2014.

12.刘远.金融欺诈犯罪立法原理与完善[M].北京:法律出版社，2010.

13.陈兴良，周光权.刑法学的现代展开（二）[M].北京:中国人民大学出版社，2015.

14.苏力.法治及其本土资源[M].北京:中国政法大学出版社，2004.

15.中国社会科学院语言研究所词典编辑室.现代汉语词典[M].北京:商务印书馆，2016.

16.陈兴良.刑法知识论[M].北京:中国人民大学出版社，2007.

17.李娜.论金融安全的刑法保护[M].武汉:武汉大学出版社，2009 .

18.白建军.法律实证研究方法（第二版）[M].北京:北京大学出版社，2014.

19.张明楷.犯罪构成体系与构成要件要素[M].北京:北京大学出版社，2010.

20.刘宪权，卢勤忠.金融犯罪理论专题研究[M].上海:复旦大学出版社，2002.

21.陈灿平.刑民实体法关系初探[M].北京:法律出版社，2009.

22.吴志攀.金融法概论（第五版）[M].北京:北京大学出版社，2011.

23.丁瑞莲.金融发展的伦理规制[M].北京:中国金融出版社，2010.

24.白建军.刑法规律与量刑实践[M].北京:北京大学出版社，2011.

25.罗丹阳.中小企业民间融资[M].北京:中国金融出版社，2009.

（二）译著类

1.[德]塞尔姆·里特尔·冯·费尔巴哈.德国刑法教科书[M].徐久生，译.北京:中国方正出版社，2010.

2.[德]克劳斯·罗克辛.德国刑法学总论[M].王世洲，译.北京:法律出版社，2005.

3.[意]切萨雷·贝卡里亚.论犯罪与刑罚[M].黄风，译.北京:北京大学出版社，2014.

4.[日]芝原邦尔.经济刑法[M].金光旭，译.北京:法律出版社，2002.

5.[日]大谷实.刑法总论[M].黎宏，译.北京:中国人民大学出版社，2008.

6.[英]哈特.法律的概念[M].许家馨，李冠宜，译.北京:法律出版社，2013.

7.[英]威廉姆·威尔逊.刑法理论的核心问题[M].谢望原，罗灿，王波，译.北京:中国人民大学出版社，2015.

8.[美]理查德·A.波斯纳.正义/司法的经济学[M].苏力，译.北京:中国政法大学出版社，2002.

9.[美]乔治·P.弗莱彻.刑法的基本概念[M].蔡爱惠，陈巧燕，江溯，译.北京:中国政法大学出版社，2004.

10.[美]哈尔威·E.杰克逊，小爱德华·L.西蒙斯.金融监管[M].吴志攀，等译.北京:中国政法大学出版社，2003.

11.[美]塔玛·弗兰科.证券化：美国结构融资的法律制度[M].潘攀，译.北京:法律出版社，2009.

12.[美]托马斯·李·哈森.证券法[M].张学安，等译.北京:中国政法大学出版社，2003.

13.[英]默德威娜里斯·莫格.众筹（探索融资新模式开启互动新时代）[M].路本福，译.北京:中国华侨出版社，2015.

（三）中文论文类

1.王新.指导性案例对网络非法集资犯罪的界定[J].政法论丛，2021（01）:117-125.

2.岳彩申.互联网金融平台纳入金融市场基础设施监管的法律思考[J].政法论丛，2021（01）:83-91.

3.刘宪权.金融犯罪最新刑事立法论评[J].法学，2021（01）:51-63.

4.游成婧.民间借贷行为规制的行刑衔接探究[J].财经理论与实践，2021（01）:148-154.

5.敬力嘉.非法集资犯罪共犯范围的过度扩张及其匡正[J].法商研究，2020（06）:89-102.

6.邢飞龙.非法吸收公众存款罪之"非法"认定的新路径——以法定犯和新型融资案件为中心展开[J].法律适用，2020（20）:98-109.

7.张泽涛.规范对民营企业家刑事立案的制度设置[J].法学，2020（09）:153-165.

8.李凤梅.P2P网贷的刑事法律风险及防范机制研究——兼及金融刑法的完善[J].社会科学战线，2020（09）:75-82.

9.刘伟.非法集资犯罪"非法性"标准的重拾与展开[J].学海，2020（03）:143-149.

10.赵运锋.恶意透支型信用卡诈骗罪"非法占有目的"研究[J].中国刑事法杂志，2020（04）:92-106.

11.贾占旭.集资诈骗罪"非法占有目的"要件的理论修正与司法检视[J].法学论坛，2021（01）:113-119.

12.何荣功.非法占有目的与诈骗案件的刑民界分[J].中国刑事法杂志，2020（03）:21-36.

13.冉克平.论《民法典》视阈中的占有保护[J].烟台大学学报（哲学社会科学

版），2020（05）:9-20.

14.阴越.论股权众筹差异化信息披露义务[J].法学杂志，2020（02）:133-140.

15.李政刚.论物权众筹的债权属性[J].重庆社会科学，2020（03）:109-118.

16.王雪，魏航.产品众筹中价格歧视策略的优化研究[J].中国管理科学，2020（11）:1-12.

17.肖怡，龚力."单位型"非法集资犯罪处罚中的若干问题[J].法律适用，2020（22）:140-150.

18.莫洪宪，刘芷含.互联网股权众筹的刑事风险防范及规制[J].广西大学学报（哲学社会科学版），2018，40（02）:27-32.

19.刘波，刘彦，赵洪江，冷梦玥.预售众筹与股权众筹的选择:基于众筹平台与企业家声誉的视角[J].金融研究，2017（07）:175-191.

20.徐银波.论计算财产损失的基准时间——对《侵权责任法》第19条的反思[J].北方法学，2015，9（01）:76-84.

21.黎宏.单位犯罪中单位意思的界定[J].法学，2013（12）:153-160.

22.樊云慧.股权众筹平台监管的国际比较[J].法学，2015（04）:84-91.

23.谢平，邹传伟，刘海二.互联网金融的基础理论[J].金融研究，2015（08）:1-12.

24.林采宜.互联网金融是个伪行业[J].中国战略新兴产业，2015（17）:89.

25.张继源.关于众筹模式及其效率和问题[J].东岳论丛，2015，36（03）:185-189.

26.黄木澎，袁鲲，周聪.我国众筹融资发展及研究述评[J].上海金融，2015（08）:76-81.

27.徐银波.论计算财产损失的基准时间——对《侵权责任法》第19条的反思[J].北方法学，2015，9（01）:76-84.

28.王荣芳.合法私募与非法集资的界定标准[J].政法论坛，2014，32（06）:103-111.

29.彭冰.P2P网贷与非法集资[J].金融监管研究，2014（06）:13-25.

30.王钢.德国刑法诈骗罪的客观构成要件——以德国司法判例为中心[J].政治与法律，2014（10）:33-54.

31.陈烨.财产性利益与罪刑法定问题[J].上海交通大学学报（哲学社会科学版），2013，21（05）:44-53+61.

32.潘丙林，赵宇翔.案发前归还诈骗款不影响犯罪既遂[J].人民司法，2014（14）:97–99.

33.董玉庭.论单位实施非单位犯罪问题[J].环球法律评论，2006（06）:698–705.

34.张明楷.财产性利益是诈骗罪的对象[J].法律科学，2005（03）:72–82.

35.张明楷.论诈骗罪中的财产损失[J].中国法学，2005（05）:118–137.

36.吴晓求.互联网金融的逻辑[J].中国金融，2014（03）:29–31.

37.刘为波.《关于审理非法集资刑事案件具体应用法律若干问题的解释》的理解与适用[J].人民司法，2011（05）:24–31.

38.彭新林.P2P网络借贷平台非法集资行为刑事治理问题要论[J].北京师范大学学报（社会科学版），2017（06）:121–130.

39.时方.非法集资犯罪中的被害人认定——兼论刑法对金融投机者的保护界限[J].政治与法律，2017（11）:43–52.

40.张明玖，李树.民间借贷行为规制的偏失与矫正——以非法集资规制为例[J].社会科学家，2017（08）:115–120.

41.司伟攀.非法集资犯罪若干问题研究[J].法律适用，2017（05）:110–115.

二、外文文献

1. Chen C，"Cite Space II，Detecting and visualizing emerging trends and transient patterns in scientific literature"，Journal of the American Society for Information Science and Technology，2006.

2. Franklin Allena，"finance，and economic growth in China"，Journal of Financial Economics，2005.

3. Jack R. Magee，"Peer–to–Peer Lending In The United States: Surviving After Dodd–Frank"，North Carolina Banking Institute，2011.

4. Galloway I，"Peer–to–peer lending and community development finance"，Community Investments，2009.

5.Pennington Cross A，"Credit History and the FHA–Conventional Choice"，Real Estate Economics，2000.

三、学位论文

1. 任材.陆金所P2P业务案例分析[D].辽宁大学2015年硕士学位论文.

2. 李晓强.集资型犯罪研究[D].山东大学2012年博士学位论文.

3. 周琳静.非吸储类放贷人法律制度研究[D].南京师范大学2012年博士学位论文.

4. 胡洪春.我国存贷款犯罪研究[D].华东政法大学2013年博士学位论文.

5. 范淼.非诈骗型非法集资犯罪范围研究[D].吉林大学2015年博士学位论文.

后 记

　　本书为笔者2020年承担的吉林省社会科学基金项目（项目编号：2020C062）的研究成果。笔者在进行项目研究的过程中，得到了各位团队成员和相关部门的大量帮助。虽然在项目研究过程中受到了2020年的疫情影响，原计划开展的实地考察调研工作无法顺利开展，但是依靠研究成员的共同努力，大量的研究和调研都借助微信、腾讯会议等软件得以实现，疫情不但没有阻碍研究工作的进度，反而因为疫情放假为笔者和研究成员们提供了更多研究交流、分析案例、深入研讨的机会。项目在研究的过程中，还得到了长春理工大学的多方面支持，不仅获得了著作出版的资金支持，还获得了很多对项目研究感兴趣的学生加入，共同完成案例收集的分类工作，使项目能够顺利完成。在此对所有人致以最诚挚的谢意！

　　企业实施集资行为，其目的是更好地实现经营。目前所有理论的提出都是为了帮助企业在实际经营过程中可以取得更好的经营效果。因此笔者研究影响企业集资行为的各种因素，也是为了帮助企业更好地选择融资方式、理性地开展融资、控制融资的风险。互联网金融的发展让有需求的企业拥有更广阔的融资渠道，拥有更多的融资模式以供选择。互联网金融给了很多限于地域和人际关系无从融资的企业一条新的获得资金的道路。

互联网金融虽然拓宽了企业的融资渠道，但同时也让许多企业因融资方便而快速扩张，结果经营失败，最终导致其只能通过反复融资偿还欠款。目前企业采取的这种集资行为，很多都被视为从事非法吸收公众存款的行为被判刑。互联网金融的发展也随着监管部门的不断深度参与让很多意图投机的企业望而却步。

中国经济的发展离不开企业的发展，而企业的发展离不开资金的融通。企业的集资行为，不论是在线下还是在线上，都要受到法律的约束。虽然本阶段对企业集资行为的相关研究已经告一段落，但是笔者认为，对企业集资行为的研究并不会因项目结项而终止，而应当随着我国经济的发展和法律的完善，作为一项长期的研究进行下去。只有这样，才能实现为企业降低融资风险、及时填补理论空白、完善立法和司法解释中的不足的目的。